JN314778

Studies on Japanese Generative Syntax and
the Development of the Generative Grammatical Theory:
The Interface of Sentence-grammar and Discourse

生成文法と
日本語研究

「文文法」と「談話」の接点

井上和子［著］

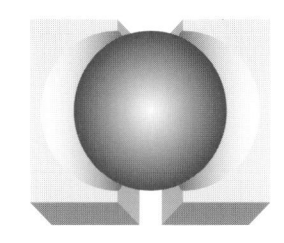

大修館書店

はじめに

　本書は，2008年4月の日本英語学会の国際春季フォーラムで"The Roles of Japanese Linguistics through the Development of the Generative Grammar"と題して行った英語の講演内容を基に生成文法の発展を概観し，各段階における日本語生成文法の果たした役割について考察した。その上で「談話」を視点に入れた最近の生成文法と生成日本語文法の研究成果を加えたものである。

　生成文法理論は，Chomskyの主導の下に50数年発展を続けている。その間に出された本質的な意味を持つ反対意見を積極的に取り入れるという形で，生成文法理論は文字どおり生成発展してきた。本文の中で詳しく取り上げるが，発展の各段階で変更を加えながら，根本の問題意識，すなわち有限の要素と有限の規則を用いて無限の言語表現を創りだす人間の言語能力の解明という問題に向かって進んできた。1つの原理なり法則，あるいは理論を世に問うた研究者は，自らその発展に長く関与することなく，それらの原理なり理論は受け継ぐ人物によって次々に継承されるというのが一般的な現象だと思われる。それにたいして，Chomskyは生成文法理論を創始し，その後絶えず理論の発展を先導してきた。これは生成文法理論の重要な特徴の1つである。

　生成文法が最初に一部の人の目に触れたのは謄写版刷りのChomsky (1955) "Logical Structure of Linguistic Theory"である。日本では10年ほど経った1965年ごろに原田信一が苦労して手に入れたコピーが配られたのを覚えている。この論文は限られた人の間では議論されたかもしれないが一般の注意を惹くことはなかった。それゆえ生成文法は

Chomsky（1957）*Syntactic Structures* の出版でようやく議論の対象になったと言える。ところが，私が在学していた当時のミシガン大学大学院ではこれを異端視し，大学の講義などで取り上げられることはなかった。そんな中，後に「格文法」を提起した Fillmore が先頭に立って同期の数人の大学院生とともに 1958 年に Chomsky の講演会を企画し，開催に漕ぎ着けたというエピソードもある。

　Chomsky のこの時の講演は，生成文法の基本的な概念の説明であったが，具体例としては，S → NP AUX VP に始まる句構造文法が紹介された。構造主義の言語学の勉強に傾注していた私は，これに対して昔の学校文法のように思いあまり興味を覚えなかった。講演後，院生たちが Chomsky を囲んで懇親会をするからと誘ってくれたが，参加しなかった。

　このように無関心な私を惹きつけたのは，Robert Lees である。それは 1960 年の夏にテキサス大学でのアメリカ言語学会の夏期講座に出席し，MIT で博士論文を提出したばかりの Lees の集中講義に出るという幸運に恵まれた時である。Lees は毎回講義の前に，正式の題名は忘れたが，"On Negation" "On Question" などという題の論文を取り出し，どれが聞きたいかを受講生たちに諮ったうえで講義を始めた。質問には時間を無視して丁寧に答えていた。私の質問の答えが長引き，教室を出て外で説明を聞くうちに雨が降り出し，Lees も私もびしょ濡れになって議論したこともあった。私は Z. S. Harris（1957）"Co-occurrence and Transformation in Linguistic Structure" を中心とする「分布を基礎にする分析」に興味を覚えていたので，博士後期課程に進んですぐに提出する「博士論文研究の見込み書（prospectus）」では「分布による日本語の分析」を標題としていた。この考えが Lees によって覆されたのである。

　1961 年に博士課程進学試験である予備試験が「一般言語学」「英語学」「日本語学」の 3 分野に関して行われ，これに合格して帰国し，博士論文の作成に取り掛かったが，手本になるのは Lees（1960）と勇康

雄の生成日本語文法の雛形のような短い論文であった。（後に知ったことであるが，勇は1964年から生成日本語文法を月刊誌に連載している。）したがって主としてLeesを基に論文の草稿を仕上げ，1964年の夏にミシガン大学に提出することになった。日本を発つ直前に出版されたばかりのEmmon Bach (1964) *An Introduction to Transformational Grammar* を手に入れ，飛行機の中でこれを読みながら自分の草稿をチェックし，その定式化が適格かどうかを確かめるという有様であった。本書でも取り上げるが，私はこの段階では生成文法による2種類の句構造文法を日本語分析の柱にしていた。これが *A Study of Japanese Syntax* (1964) である。

続いて，1965年にKuroda (1965) *Generative Grammatical Studies in the Japanese Language* がMITの博士論文として出るが，日本語の限られた現象にたいして考察するという形式を取っているのに半ば驚いた。というのは，正式には構造主義の言語学の訓練しか受けていなかった私は，出来る限り資料の全てを扱う，すなわち「網羅性」(exhaustiveness) の原則を守り，資料から仮説を引き出し，それを新たな資料によって検証するという演繹的方法を取ることが出来なかったことに気づいたからである。このように日本語研究が生成文法との関わりを始めて持ったのは，それぞれの成否は別として，主として上記の2つの論考ではないかと思う。

次に，段階を追って理論の発展と日本語研究との関わりを見ると，始めは英語を基に立てられた仮説にたいして日本語の言語現象から根拠を与える，あるいは反論し疑問を投げかけるという方向から，積極的に日本語研究から発信していくという方向に転じてきたことが注目される。特に重要なのは，久野 (1978) の『談話の文法』により，文を研究対象とする文法理論の限界を日本語の分析をとおして示されたことである。それが端緒となって，極小プログラム (Minimalist Program) に至って，談話との接点領域としての補文標識句 (Complementizer Phrase : CP) の研究がRizzi (1997) を初めとするCartographic

Approach（詳細な統語構造地図作成を目指す研究）によって進められ，極小プログラムと相補う関係で成果を挙げているのである。この点を本書では重視している。CP 領域の研究によって，これまで理論上の位置づけ，相互関係などが明らかでなかった話題句（Topic Phrase：TopP）や焦点句（Focus Phrase：FocP）などが，機能範疇として CP 領域で階層構造をなしていること，それぞれが談話に由来する情報構造を担っていることなどが示され，この研究方向の将来の発展が期待できるのである。

本書で取り上げた生成日本語研究の他に，数多くの優れた研究がある。上記の趣旨と紙数の関係からかなり選択の幅が限られ，これらを網羅的に扱うことが出来なかったことは残念である。本書がその目指すところに近づき，このような弱点を補うことが出来るよう願っている。

ここで断っておかなければならない点がある。それは，日本における生成文法理論による英語学研究も日本語研究とほぼ同時期から進められ，新しい理論の提出や資料の発掘など独自の貢献をしてきた。しかし，本書では生成文法と日本語研究との関わりをテーマにしているため，英語研究関係の日本での成果については直接に触れることがほとんど出来なかったことである。また，本書では読みやすくするために，注を付記しない記述を試みていることもつけ加えておく。

生成文法理論の第 3 段階の「統率・束縛理論」から現段階に至るまでの重要な論題は，神田外語大学言語科学センターでの私のゼミで取り上げてきた。このゼミは，学校法人佐野学園理事長の佐野隆治氏が神田外語大学言語研究センター顧問として退職後の私を任用し，研究室を割り当てて優れた研究環境を整えて下さっているお陰で成り立っており，ゼミの日は朝から夕方まで一切の雑音から解放されて研究討論することができる。一般のゼミの何倍もの効果をあげていると自負できるのは 1 つにはこの研究環境の賜物である。このゼミは，私が同大学院で受け持っていた言語学ゼミを退職後も続けているもので，同大学院で博士号を取

はじめに　vii

得した研究者を中心に現在の大学院生も加わって約10数名が集まって月1回開いている。本書では，このゼミでの議論を踏まえた論考やゼミのメンバーからの意見を数多く紹介している。発言者が誰であったかがはっきりしないものが多いが，これらはすべてゼミからの貢献として感謝している。特に，Rizzi氏との共同研究として統語構造地図の研究を行っておられる本大学大学院教授の遠藤喜雄教授がこのゼミに毎回出席され，新しい研究成果を発表し私達の質問に答えて下さることが，かなり難解な統語構造地図研究の詳細に亘る理解に大いに役立ち，私達の研究意欲を高めていることに心から感謝している。日程が土曜日のために出席が無理な長谷川信子大学院教授・言語科学研究センター長も研究論文をとおした論文参加によりこの活動を支援して下さっている。また，このゼミの日程調整，資料準備を含めた運営全般という大役を果たしている神谷昇神田外語大学言語科学研究センター研究員にはゼミの全員と共に有難く思っている。また，本書の企画段階から刊行に至るまで，いつも適切なご助言をして下さった大修館書店編集部の米山順一氏に感謝したい。

　最後に，私の博士論文研究の指導教授であり，論文の審査委員長をも務めて下さった元ミシガン大学大学院教授で同大学東洋学研究所の所長の故ジョーゼフ・K・山極教授にはことばに尽くせない感謝の気持ちを捧げたい。1960年代中ごろまでは，ミシガン大学大学院は，生成文法理論にたいして扉を固く閉じていた。私の論文審査委員の一人の教授が，後にあの時代に井上の論文が通ったのは全く奇跡的という他はないと言われたほどである。そのような環境に立ち向かい，故山極教授は大変な苦労をされたと思うが，常に悠然と温顔をもって対処しておられた。教授の下で始めた研究を長年続けて曲がりなりにもこのような形でまとめることが出来たことを報告し，心から御礼を申し上げたい。

2009年9月

井上和子

目　　次

はじめに …………………………………………………………… iii

第1章　生成日本語文法の軌跡 ……………………………………3
  1. 生成文法理論の歩み／3
  2. なぜ生成文法が革命的といわれるか／5
    2.1. 生成文法出現の前夜／5
      2.1.1. Chomsky の「文法モデル」／7
      2.1.2. アメリカ学派と Chomsky の相違／9
      2.1.3. 有限状態文法と Chomsky の相違／10
      2.1.4. 句構造文法と Chomsky の相違／11
      2.1.5. 変形文法の位置づけ／12
      2.1.6. 生成文法がもたらしたもの／13
  3. 標準理論の輪郭／14
    3.1. 標準理論の中核的概念／15
    3.2. 標準理論での形式化／16
  4. 初期の生成日本語文法／16
    4.1. Inoue (1964)：*A Study of Japanese Syntax*（『日本語の統語構造研究』）／17
      4.1.1. Inoue (1964) の特徴／17
      4.1.2. Inoue (1964) の問題点／18
    4.2. Kuroda (1965)：*Generative Grammatical Studies in the Japanese Language*／20
    4.3. Kuno (1973)：*The Structure of the Japanese Language*（『日本文法研究』）／21
  5. 標準理論の深層構造／22

5.1. Gruberの語彙前の構造／22
        5.2. Fillmoreの格文法／24
        5.3. まとめ／26

第2章　拡大標準理論 ……………………………………………27
  1. 拡大標準理論の輪郭／27
    1.1. 変形規則の形式と適用／29
        1.1.1. 変形規則の形式／29
        1.1.2. 変形規則の適用／29
        1.1.3. Rossの変項にたいする制約／30
        1.1.4. Chomsky (1973) の変形規則の適用にたいする条件／31
        1.1.5. Chomsky (1977) の wh-移動／34
        1.1.6. wh-移動の拡張／35
        1.1.7. Postal (1971) の交差の制約／37
    1.2. 補文構造／38
    1.3. 補文からの繰り上げ／40
    1.4. Jackendoff (1969, 1972) の解釈意味論／41
    1.5. 理論の枠組み／41
  2. 生成日本語文法の歩み／42
    2.1. 変形規則／42
    2.2. 補文構造／45
    2.3. 談話の文法／47
    2.4. 意味解釈／48
    2.5. 語彙文法／49
    2.6. まとめ／50

第3章　統率・束縛理論 …………………………………………51
  1. 理論的基盤の転換／51
    1.1. GB理論の枠組み／52
    1.2. 統語部門／53
        1.2.1. Chomsky (1981)／54
            1.2.1.1. 原理／54

        1.2.1.2. パラメータ／58
      1.2.2. 語彙範疇と機能範疇／59
  1.3. 語彙部門／59
  1.4. 形態部門／60
  1.5. 論理形式部門／60
  1.6. その他の注目点／61
  1.7. まとめ／61
 2. 日本語分析からの貢献／62
  2.1. 機能範疇／62
  2.2. 一致現象／63
  2.3. 構造格の付与／63
  2.4. 日本語は構成的言語か／64
  2.5. 意味論／64
  2.6. まとめ／65
 3. 生成日本語文法の進展／65
  3.1. 統語構造／65
    3.1.1. Saito (1982)："Case Marking in Japanese, a Preliminary Study"／65
    3.1.2. Kuroda (1986)："Movement of Noun Phrases in Japanese"／65
  3.2. 変形規則／67
  3.3. 意味論／69
    3.3.1. 疑問詞の特色／69
    3.3.2. 疑問詞移動に関する日英語の比較／70
    3.3.3. 表層の現象／72
  3.4. まとめ／75

第4章 極小プログラム ……………………………………77
 1. 理論の基盤転換／77
 2. 極小プログラムの中核的概念／78
 3. 極小プログラムの枠組み／83
 4. 自由語順の言語研究／83
  4.1. EPPの本質と拡大解釈／84

4.2．Kiss（2002，2003）／84
　　4.3．Bouchard（2001）／85
　　4.4．Alexiadou & Anagnostopoulou（2001）／86
5．極小プログラムにおける日本語研究／87
　　5.1．Miyagawa（2001）／87
　　5.2．Miyagawa（2005）／89
　　5.3．標準的EPPにたいする反論／93
　　　5.3.1．Kiss（2002）／94
　　　5.3.2．主格名詞句を持たない文／95
　　　5.3.3．「から」格主語／95
　　　5.3.4．受動文中の慣用句の目的語／97
　　5.4．主語の位置／97
　　　5.4.1．日本語の主語の位置／98
　　　5.4.2．ハンガリー語の主語の位置／98
　　　5.4.3．多重主語文／99
　　　5.4.4．与格主語／101
　　　5.4.5．EPPは必須要素か／102
　　5.5．現象文と話し手の状態を表わす文／103
　　　5.5.1．現象文などの分析／104
　　　5.5.2．独立文としての現象文／107
　　5.6．形態論／107
　　5.7．日本語研究の見直し／108
　　　5.7.1．Koizumi（1998）／108
　　　5.7.2．Ura（1996）／112
6．CP領域の果たす役割／113
　　6.1．CPの内部構造／113
　　6.2．モーダル句／114
　　　6.2.1．モーダルの定義と形態・意味上の特徴／115
　　　6.2.2．日本語のモーダルの特徴／115
　　　6.2.3．モーダル句の位置／119
　　6.3．日本語のCP領域の役割／120
　　　6.3.1．モーダリティと人称制限／120
　　　6.3.2．1人称の省略／121

　　　　6.3.3．独立文としての現象文など／124
　　6.4．CPの内部構造再考／126
　　　　6.4.1．遠藤（2008，2009）による終助詞の分析／126
　　　　6.4.2．英語のモーダル／128
　　6.5．CPの意味役割／129
　　6.6．まとめ／131
　7．結語／131

第5章　談話構成法 …………………………………………………133
　1．談話文法／133
　　1.1．談話文法の位置づけ／134
　　1.2．談話構成法の基本的原理：結合性／136
　　　　1.2.1．指示／136
　　　　1.2.2．代入／137
　　　　1.2.3．省略／138
　　　　1.2.4．接続／139
　　　　1.2.5．語彙による結合：同一語または類義語の反復／141
　　　　1.2.6．まとめ／142
　　1.3．日本語の結合の仕組み／142
　　　　1.3.1．話題による結合／142
　　　　1.3.2．話法による結合／143
　　　　1.3.3．その他の結合要素／146
　　　　1.3.4．まとめ／147
　2．情報構造／147
　　2.1．情報構造の位置づけ／147
　　2.2．焦点と談話の前提／148
　　2.3．情報構造の捉え方／148
　　　　2.3.1．焦点と情報構造／150
　　　　2.3.2．提示焦点と対照焦点／151
　　　　2.3.3．対照焦点／152
　　2.4．情報構造の役割／153
　　2.5．情報構造と統語構造の関係／153
　　　　2.5.1．要素の前置と後置／153

        2.5.2. 分裂文／156
            2.5.2.1. 2種類の分裂文／157
            2.5.2.2. 分裂文の形式上の違い／158
 3. 日本語の談話の特徴／159
    3.1. 談話の開始を司る基本的原理／159
    3.2. 談話の冒頭文に関する調査／160
    3.3. 情報構造との関連／162
    3.4. 談話の冒頭文と談話構成原理／163
        3.4.1. 擬似分裂文／163
        3.4.2. 分裂文／165
        3.4.3. 非制限用法の関係詞節／165
        3.4.4. 文頭に話題を持つ文／166
        3.4.5. 文頭に同格句を持つ文／167
    3.5. まとめ／169

参考文献 ……………………………………………………171
索　引 ………………………………………………………179

生成文法と日本語研究
―― 「文文法」と「談話」の接点 ――

第 1 章　生成日本語文法の軌跡

1.　生成文法理論の歩み

　ことばの研究には，現実に使われている言語の記述，言語使用の基になっている言語能力の解明，言語能力の物理的基盤の記述・解明など数々の選択肢がある。生成文法理論では，言語使用をパフォーマンス（行為），言語能力をコンピタンス（能力）として両者を区別し，後者すなわち言語能力（Faculty of Language）の解明を目標とし，中心的な課題として（1）を挙げている。

　　（1）a. ことばを話し，聞いて理解する知力（knowledge）はどのような内容をもっているのか？（What constitutes knowledge of Language?）
　　　　b. この知力，すなわち言語能力はいかにして獲得されるのか？（How is knowledge of language acquired?）
　　　　c. この知力，すなわち言語能力はどのように使用されるのか？（How is knowledge of language put to use?）
　　　　　　　　　　　　　　　　　　　　　　　（Chomsky 1986 b, p. 3）
　　　　d. 言語能力の脳内基盤はどのようなものか？（What is "the physical mechanism of the brain" that is involved in the representation of knowledge?）

生成文法理論の進展の軌跡を辿ると，次の5段階が理論の節目であることが分かる。すなわち，Chomskyの『統語構造』(*Syntactic Structures*, 1957) に代表される初期理論 (Early Theory：ET, 1957-1962頃)，Chomskyの『統語理論の諸相』(*Aspects of the Theory of Syntax*, 1965) に集約された標準理論 (Standard Theory：ST, 1962-1970頃)，Chomskyの「名詞化に関する所見」("Remarks on Nominalization", 1970) に始まる拡大標準理論 (Extended Standard Theory：EST, 1970頃-1978頃)，Chomskyの『統率・束縛に関する講義』(*Lectures on Government and Binding*, 1981) を中心とする統率・束縛理論 (Government and Binding Theory：GB または原理とパラメータ理論, 1980-1990頃) の4段階を経て，現在進行中の極小プログラム (Minimalist Program) に繋がっている。

　初期理論の段階では，日本では *Syntactic Structures* の翻訳が出た程度で，一般の関心を引くには至らなかった。しかし，標準理論以降，統率・束縛理論に至るまで，生成日本語文法研究は生成文法理論の進展と共に歩み，主として理論の実証のための資料を提供するとともに，日本語研究から理論を動かすような研究成果も少しは出現した。特に，黒田成幸の博士論文 *Generative Grammatical Studies in the Japanese Language* (1965) は，生成日本語研究の基礎になった。黒田の「は-付加変形」(*wa*-attachment) に代表される付加変形 (attachment transformation) の議論は，「変形は意味を変えない」という初期理論以来の仮説を覆し，意味解釈には深層構造のみならず，表層構造も寄与することを明らかにし，理論の転換のきっかけを作った。さらに久野暲は，標準理論に基づいて提出された仮説を日本語からの資料を用いて実証し，同時に日本語の特徴を記述した。その成果が *The Structure of the Japanese Language* (1973)，『日本文法研究』(1973) として公刊された。これが生成日本語文法を一般に知らせるきっかけになった。

　生成文法理論は，初期から GB までの4段階において，統語論，意味論，音韻論の各部門の研究に焦点を当ててきた。特に，統語論では後に

いう狭統語論（narrow syntax）の研究に重点を置いてきたが，すでに拡大標準理論の段階で，日本語研究は狭統語論のみでは十分に扱えないことが暗黙のうちに理解されはじめていた。たとえば日本語研究から発信した談話文法という考え方も，生成文法の主流では少なくとも GB 理論を含めた 4 段階で市民権を与えられていたとはいえない。

　本書では，これまでの生成日本語文法の軌跡を辿るとともに，日本語研究で談話を無視できない理由を掘り下げる。そして，談話をとおして日本語をみることにより，狭統語論から極小プログラムに移行し，統語論の中でも補文標識句（Complementizer Phrase：CP/補文標識を主部とする句）の領域の研究に重点が移った必然性に迫ることを 1 つの目標にしている。

2. なぜ生成文法が革命的といわれるか

2.1. 生成文法出現の前夜

　人間のことばは我々に生まれながらに与えられ，片時も我々から切り離すことのできないものである。それだけに，洋の東西を問わず，古代からことばについては真剣に論じられてきた。数多くのことばに関する論考，あるいは哲学のなかで，1950 年代半ばの生成文法誕生の直接のきっかけを作ったのは何かということを考えてみよう。

　第一に挙げられるのは，アメリカ構造言語学（あるいはアメリカ記述言語学：以後アメリカ学派と略す）である。アメリカ学派は，19 世紀において隆盛を極め，20 世紀初頭の言語学界を風靡していた比較言語学・史的言語学から分かれて，1930 年代から 60 年代にかけて Bloomfield, Sapir などの強い影響の下で発展した。特に，文献を資料として方法論を組み立ててきた比較言語学の伝統を，客観的な学問に転換することを目指した。そこでアメリカ学派は，観察可能な資料，主として生の音声資料を採集し，これを客観的分析法によって分析する方法論を編み出した。アメリカ学派の合言葉の 1 つに 'formal'（形式を重視

する）がある。このことばは，従来の言語学がともすれば陥りがちだった観念論を一切排して，現実の言語資料を採集し，客観的分析法を用いてこれを分析するという意味で用いられた用語である。

　さらに，アメリカ学派では，要素の配列を基にした分析（Item-Analysis）を良しとし，「AをBに変換する」というような過程を捉える分析（Process-Analysis）を排した。

　1950年代半ばには，アメリカ学派の大量の成果が種々の形で公刊された。統語論には正面から取り組む段階に至っていなかったが，直接構成素分析（Immediate Constituent Analysis：以後IC分析と略す）という分析法が編み出されていた。Chomskyのペンシルベニア大学での指導教授であったHarrisは，IC分析のみならず言語要素の分布状況の記述が必要であることを説いたが，これらに加えて変形が必要であるとの認識をこの時既に示していた。アメリカ学派では排除されていた過程分析を提唱したのである。

　当時の言語学の学徒にとって，例えば，"What did you buy yesterday?"のwhatはbuyの目的語で，whatとbuyが1つの構成素をなすように，隣接しない要素間に依存関係があることをIC分析では扱いきれないこと，また同じ言語要素でもその分布状況によってその機能が変わることなど，数々の問題点にたいしてHarrisにより一定の解決法が示されたと感じた時期であった。

　他方，ヨーロッパではFerdinand de Saussureが行ったジュネーブ大学での一般言語学の講義が，彼の弟子たちにより *Cours de Linguistique Générale* (1916) として刊行されていた。その中でSaussureはlangage（言語活動）をlangueとparoleとに分け，前者を個人の言語活動を制約し支える社会的な存在としての言語，後者を言語活動の個人的な側面として区別した。

　すでに17世紀にはデカルト（Descartes）による「ことばは人間の精神（心の働き）を映し出すものである」という考えがあり，これも現実の言語活動の奥にある言語能力に焦点を当て，ことばは人間という種

だけに与えられた人間の認知能力の一環であるとの主張を表わしたものである。言語能力があればこそ，人間は全く未経験の状況に直面しても，それに適合する言語表現を創造的に駆使することができる。すなわち無限の表現を創り出す能力を得ているのである。

　ことばが必要に応じて無限の表現を生み出す創造性をもっていることは『統語構造』が出版された頃にはある程度認識されていた。有限状態文法(finite state grammar)が世に出たのもその現われである。この文法では，確率論を基に設定された有限個の状態が初期状態から最終状態まで左から右へと配列されており，それぞれの状態が1個ずつ記号を産出して次の状態に移る。そして同じ状態をくり返し選択する可能性を組み込むことで，無限の表現が産出されるという仕組みの文法である。この文法では有限の仕組みから無限の記号列を産出することができる。

2.1.1. Chomskyの「文法モデル」

　以上のような状況の下で，Chomskyが「言語記述のための3つのモデル」(1956)，『統語構造』(1957)などを公刊し，言語研究に新しい視点を与えたのである。上記(1956)で取り上げた3つのモデルは，有限状態文法，句構造文法（IC分析を形式化した文法），変形文法である。

　以下にChomsky (1956, 1957)などで示された初期理論の主張の要点をまとめてみよう。

(a) ことばは，限られた数（有限の）の要素と，それらを組み合わせる限られた数の（有限の）規則を用いて規則的な表現型をつくり，これらに繰り返し適用できる(recursive)規則を適用して無限個の文を生成する。したがって無限に長い文の生成が可能である。これを 'discrete infinity'（不連続の単位をもとにした無限性）と呼ぶことがある。現実に無限に長い文が現われることはないが，これは人間の記憶能力に限界があるからで，言語そのものの特質によるものではないとする。

(b) 上記(a)の特徴をもつ言語の分析には文法モデルを用いた厳密

な接近法を用いることが出来る。この文法モデルでは，まず音素の配列を規定する形態音韻規則とそれに続く音韻規則のレベルと，これらの上に位置づけられる，より抽象度の高い文法規則のレベルを分けなければならない。

(c) アメリカ学派のIC分析は主として文法規則のレベルに属するものである。このレベルの抽象性が捉えられなければ，いわゆる構造上の曖昧性（たとえば，「赤い花のついた鞄」が表わす［赤い［花のついた鞄］］（鞄が赤い）と［［赤い花］のついた鞄］］（花が赤い））の区別がつかない。

(d) しかし，自然言語にはIC分析に基づく句構造文法では捉えられない特徴がある。"What did you buy yesterday?" のwhatとbuyのように隣り合っていない要素間の依存関係は特徴の1つに過ぎない。これがより抽象度の高い変形文法を必要とする所以である。句構造文法のその他の限界については，2.1.4.節（句構造文法）において詳述する。

(e) (a)〜(d)の特徴をもつことばは，実に複雑な構造をもつ可能性がある。ところが，日常の言語生活で成人が常に文法に合った文だけで用を足しているとは考えにくい。文法から外れた文，途中で切れた文などが多数混ざっているのが一般の状況である。それにもかかわらず，幼児はこのような劣悪な言語資料に触れるだけで，複雑な文の仕組みを体得する，言い換えればことばを獲得するのである。これを説明するには，人間はことばを生得的に知っている，あるいは生まれながらに言語能力を備えていて，現実のことばに触れるだけでことばの知識が母語として具現するのだと考えざるを得ない。言語の生得説と言われる考えである。

(f) 文法に関する主張は次の通りである。

① 文法は，文法にかなった文と非文法文を峻別し，文法にかなった文のみを生成し非文法文を生成してはならない。

② 文法は，厳密に定式化されていなければならない。アメリカ学

派では，'formalize'（形式化，定式化）に「意味を分析に持ち込まず，形式のみを手がかりにした分析」という意味を与えていた。Chomskyの定式化も意味を分析に持ち込むことはしないが，母語話者が持っていることばに対する直感を重視し，資料も音声資料，文字資料を幅広く採用する。そして，厳密な，常に検証可能な定式化を追求する。『統語構造』では，Chomskyは限られた資料を基に定式化した理論が現実に合っていればそれに越したことはないが，合っていなくても，問題点が明示されるという意味で定式化には大きな利点があると説いている。特にここでの定式化は，数学で用いられる回帰的機能（recursive function）に沿ったものである。

以上のChomskyの問題提起は，従来の個々の言語理論に対してそれぞれ異なる意味を持つ。次節以降，アメリカ学派，有限状態文法，句構造文法に対するChomskyの見解について考察する。

2.1.2. アメリカ学派とChomskyの相違

アメリカ学派の主流は，先にも述べたとおり生の音声資料から言語構造を発見する方法論の研究に携わってきた。これを言語理論と呼ぶこと自体不適切かもしれないが，研究成果として重要な言語分析結果を残していることは事実である。したがって，Chomskyの主張の（a）から（f）までが，アメリカ学派にたいして如何なる意味をもつかということを検討することは無意味ではないと考える。

主張（a）の「ことばは有限個の要素を組み合わせる有限個の規則を用いて規則的な記号列を創り出し，これらに繰り返し適用する変形規則を用いて無限個の文を創出する，したがって無限に長い文を創る」というChomskyの考えは，アメリカ学派には無縁のものである。というのは，この学派の研究対象は現実の言語資料であるから，有限個の限られた長さの文しか研究対象にならないからである。

主張（b）の文法のレベルの問題については，この学派は音韻分析か

ら始めて形態音韻分析，形態分析に進むという具合にレベルを遵守していたと言ってよく，その意味でChomskyの主張と同じと考えてよい。

　主張（c）の抽象性については，この学派でもIC分析をはじめ抽象的な構造分析を行っているので，Chomskyの主張とある程度合致していると言える。現実に音形がない（発音されない）ゼロ記号を用いた構造記述もこの学派では稀ではない。しかし，アメリカ学派では観察可能な資料のみを研究対象にしていることから，言語能力を研究対象にし，仮説を設定し実証するというChomskyの演繹的手法やそれにともなう高度な抽象化とは程遠いものであった。

　主張（d）は，過程分析（Process Analysis）を排するアメリカ学派には到底受け入れられないものである。

　主張（e）の言語獲得の問題は，アメリカ学派の方法論，または理論の中に取り込まれていない。この学派では，我々は白紙の状態で生まれ，その環境で用いられている個別言語に触れ，それを習い覚えるという考えが主流になっていたことから，これは当然の結果である。アメリカ学派のこの傾向は，刺激と反応という現象に焦点を当てて心理分析を行う行動主義心理学と同類の研究法であるとの批判を受けた。

　主張（f）-①については，資料に含まれている限り，非文法文も分析対象にしなければならないのであるから，必ずしもこの考えに沿っているとは言えない。アメリカ学派は，「3個のe」，すなわち，'economy'（簡潔さ），'exhaustiveness'（網羅性），'elegance'（正確かつ簡潔であること）を記述の指針としていた。網羅性の観点から非文法文を排除するわけにはいかないのである。

　主張（f）-②の意味での定式化はアメリカ学派には見られない。

2.1.3. 有限状態文法とChomskyの相違

　主張（a）に関しては，有限状態文法は，左から右へ配列された有限個の状態の中にループを設けて繰り返し適用するという可能性を開いていることにより，Chomskyの主張に沿うものと考えてよい。

問題になるのは，主張 (b), (c), (d) に関するものである。この文法では，状態ごとに記号を1つずつ産出するのであるから，文法に階層という区分けがない。したがって抽象的な構造を扱う仕組みがないのである。勿論あらゆる言語に見られる構造上の曖昧性を区別する方法もない。主張 (e) の言語獲得の問題も有限状態文法の射程に入っていない。

第2の問題は主張 (f)-①に関わる。すなわち，この文法では文法文も非文法文も産出されるのを防ぎようがない。

Chomsky が3つの文法モデルの1つとして取り上げているだけあって，有限状態文法は文法モデルとして考えうる1つの定式化の成果である。それゆえに，Chomsky の言うとおり，この文法の限界を明確に捉えることが出来るのである。その意味での長所はあるにしても，自然言語を扱うために必要な仕組みが非常に不足しているという弱点は覆うべくもない。

2.1.4. 句構造文法と Chomsky の相違

句構造文法は IC 分析を定式化したもので，隣り合った要素が文の構成素としてまとまる可能性を示す。そのため，先程の「赤い花のついた鞄」では，「赤い花」が構成素になり，それに「のついた鞄」がついてさらに大きな構成素をなす場合と，「花のついた鞄」が構成素になり，それに「赤い」がついて大きな構成素をなす場合があるという事実，すなわち構造上の曖昧性を隣接する要素をもとに示すことが出来る。しかし，先にも述べたように離れた要素間の依存関係は記述できない。

次に，無限個の文の生成には，2つの文の等位接続，すなわち「そして」(and) による接続が1つの重要な働きをする。しかし，接続されるものは句構造を与えられた記号列（終端記号列：terminal string）で，しかも2つの文が等位接続に見合った句構造を持っていなければならない。したがって，句構造文法により等位接続文を直接に生成することは不可能である。

等位接続構造の他に，「もし X ならば Y」(if X, thenY)，「X かある

いは Y」(either ... or) の関係で接続される文がある。いわゆる従位接続文である。これらの基にも，句構造が与えられた記号列がなければならない。しかも，隣接していない X と Y の間に依存関係があることから，従位接続文も等位接続文と同様に，この段階の句構造文法では生成できないことは自明である。

　最後に重要な点は，句構造文法で扱うことが出来ても，非常に複雑な分析や余剰な分析が結果として残り，言語構造の規則性が見えなくなる場合が少なくない。Chomsky（1957）がその例として上げているのが，受身文である。受身文のみならず疑問文や命令文まで句構造規則で生成することが如何に文法を煩雑にするかは容易に理解できることである。そこで，句構造規則はいわゆる核文（kernel sentence）を生成し，隣接しない要素間の依存関係，等位および従属関係，平叙文以外の文の派生には，より強力な規則である変形規則を設定し，それを核文に適用することが提案されたのである。有限状態文法，句構造文法につづく第三の文法モデルとしての変形文法である。

　定式化に関して，Chomsky（1957）にも英語の句構造規則（Phrase Structure Rules：以後 PS 規則と略述する）が例としてあげられており，Chomsky（1962），Lees（1960）において，かなり充実した英語の PS 文法が示されている。その中で，文脈自由型句構造規則（Context Free Phrase Structure Rules：CFPS 規則と略述）と文脈依存型句構造規則（Context Sensitive Phrase Structure Rules：CSPS 規則と略述）を定式化している。CFPS 規則は，S → NP VP のような形式のもの，CSPS 規則は V → V_t in context ... NP（NP の前では他動詞），otherwise V → V_i（この環境になければ自動詞）のような形式のものである。この2種類の PS 規則，変形規則，および形態音韻規則と音韻規則がこの時期に定式化されているのである。

2.1.5. 変形文法の位置づけ

　初期理論での変形文法は，句構造文法で扱えない問題をすべて扱い，

文の構造情報を音韻部門に送るという強力な文法であった。すなわち，隣接しない要素間の依存関係，2つの文の等位接続関係，従位接続関係のみならず，核文以外の文の派生を変形規則が扱うことになっていた。変形規則が強力過ぎるとの議論が次の段階で問題になったのは当然の成り行きであった。

　変形文法の定式化はもちろん行われていた。変形規則は，当該の変形規則が適用できる記号列を示す構造記述と，その記号列に対する構造変化を示す規則からなり，構造記述に合えば必ず適用しなければならない義務変形（obligatory transformational rules）と任意に適用できる任意変形（optional transformational rules）に区別されていた。しかも，変形規則には適用の順序が決まっている。標準理論では，変形規則の類別化を行い，その種類によって適用順序がある程度決まるという仕組みを取り入れた。このような仕組みを導入しても，単一の終端記号列に適用する単純変形規則の適用順序は指定しておかなければならなかった。

2.1.6. 生成文法がもたらしたもの

　1930年代から1970年代にかけて欧米諸国で多くの言語理論が生まれた。その中で生成文法が言語理論に革命を引き起こしたと言われるまでに注目を浴びた理由は何であったのかと問いかけてみる必要があろう。

　まず，「科学的」（scientific）という概念が，アメリカ学派に代表される「客観性」，すなわち「観察可能な資料に対する客観的処理」という意味に解釈されていた時代に，研究対象を観察不可能な言語能力に特定し，その内容（話者がことばについて知っていること）について抽象構造という形で仮説を立て，それを現実の資料あるいは言語使用者の判断を用いて実証していくという，いわゆる演繹的研究手法を，生成文法が見事に展開して見せたところにある。それにともなう文法モデルという考えも人文科学では新しい方向を示すものであった。

　上記の点だけでも，アメリカ学派は勿論，当時の言語学界全般に革命的衝撃を与えたのである。

さらに，CFPS 規則と CSPS 規則の 2 種の句構造規則の定式化は，時には旧来の学校文法や伝統文法で用いられた規則と取り違えられ，直感に頼った古い観念的文法に逆戻りしたのではないかとの酷評をも受けた。これも，従来の「規則」という概念が規範性の意味を持っていたのにたいして，生成文法が革命的な変更を迫る主張をしたことを示している。

他方，個別言語の分析に PS 規則が有効であるかどうかを試してみようという関心を引き出す効果もあった。その 1 つの現われが，Inoue (1964)：*A Study of Japanese Syntax*（『日本語の統語構造研究』）である。この論文は初期理論で提案された句構造規則を基礎に，標準理論の枠組みを用いて日本語の構造を分析しようという試みである。この論文については，標準理論の概要説明の節で再び取り上げる。

以上のように，言語の創造性とその基にある言語能力に注目し，演繹的研究手法を明確な形式化によって示した生成文法理論は，それまでの言語の理論研究に大きな衝撃を与えた。言語学の革命と呼ばれる所以である。

3. 標準理論の輪郭

先に述べたように，初期理論から生成文法理論は着々と進展し，Chomsky (1962)，Lees (1960) を始めとして英語の生成文法が公にされ，これらを基に Chomsky (1965) に集約される標準理論が形成された。

標準理論は，初期理論以来，進展を続けてきた理論の中核をなす概念を明確に示し，その枠組みを明らかにする役目をはたした。まず 3.1. 節においてその中核的概念を明らかにし，3.2. 節において標準理論における形式化について述べる。

3.1. 標準理論の中核的概念

Chomsky (1965) において示された中核的概念は，次の5項目に集約される。

(a) 言語運用と言語能力 (performance vs. competence)：現実の言語使用とその基にある言語能力の差異
(b) 深層構造と表層構造 (deep structure vs. surface structure)：PS規則によって生成される深層構造と，深層構造に変形規則が適用されて派生される表層構造の区別
(c) 言語理論の記述力から見た妥当性と言語理論の説明力，特に言語獲得の実態にたいする説明力から見た妥当性 (descriptive adequacy vs. explanatory adequacy)
(d) 言語獲得装置 (language acquisition device)
(e) 普遍文法と個別文法 (universal grammar vs. grammars of individual languages)

この時期には，Chomsky以外の研究者からも重要な提案があった。次に上げるのは代表的なものである。

① Emonds (1970)：変形規則は一部を除いて，PS規則により生成される構造を保持し，徹底的な構造変化を行わない。(Transformations are basically structure preserving.)
② Lakoff (1971)：生成意味論 (generative semantics) を提唱し，生成文法の深層構造は意味解釈に必要な情報をすべて保有していなければならないと主張した。
③ Ross (1967)：疑問詞移動などの移動変形にたいする制約が，移動する要素の元の位置がどのような構造の中にあるかによることを示し，要素の引き抜きを阻止する構造を「島」と呼んだ。その中に複合名詞句，主語の位置に埋め込まれた文（文主語文）などがある。複合名詞句とは，「修が本を出版したという事実 (the fact that Osamu published a book)」に見られるように音形を持つ名詞句（この場合は「事実」）を主要部とする名詞句のことで，主語の

位置に埋め込まれた文とは,「<u>今月忙しかった</u>のが私の病気の原因です」の下線部のような文のことである。このようにして,受動文を派生するのに,目的語を主語の位置に動かすような移動変形と,疑問詞を動かす変形との本質的な違いを示し,拡大標準理論での移動変形にたいする奥深い研究の基礎を作った。

3.2. 標準理論での形式化

「文の埋め込み」(embedding) という考えが導入され,句構造規則によって文の一定の位置に他の文の埋め込みを表示する記号(E)を生成した。その結果,最も深く埋め込まれた文に一連の変形規則が適用され,その直上の文に同じ一連の変形規則が適用され,次々に変形規則が繰り返し適用される,すなわち再帰適用が自動的に行われる仕組みになった。また,任意変形によって派生された受動文,疑問文などは当該の変形規則を駆動する何らかの記号を句構造の中に生成することにより,これらの記号が選択されれば,変形規則が義務的に適用される仕組みに改めた。

CSPS 規則を排して,統語範疇(名詞,動詞など)の補部の選択に関する統語上・意味上の選択制限を素性として表示し,その素性群に合った語彙項目を句構造に挿入する仕組みを取り入れた。この段階では,初期理論の「変形は意味を変えない」という原則が保持されていた。

4. 初期の生成日本語文法

ほぼ 1962 年から 1970 年を標準理論の期間として考えると,標準理論の発足と同じ頃に生成日本語文法も始動したことになる。その代表例として,4.1.節において Inoue (1964),4.2.節で Kuroda (1965),4.3.節で Kuno (1973) を取り上げる。

4.1. Inoue（1964）: *A Study of Japanese Syntax*（『日本語の統語構造研究』）

　Inoue（1964）はミシガン大学へ提出した博士論文であるが，修正版が 1969 年にオランダのムートン社から出版された。標準理論に基づいた研究であるが，初期理論の段階で形式化された CSPS 規則を多用し，格助詞付与規則に至るまで CSPS 規則によって生成している。先に述べたように，変形規則を用いれば文法が簡素化されるだけでなく，述語の選択に依存する文法格の特徴を鮮明にすることが出来たはずである。しかし，このような問題があるにもかかわらず，この文法が日本語生成文法に寄与した点は少なくない。

4.1.1. Inoue（1964）の特徴
　この研究の特徴として注目されるのは，以下の 4 点である。
(a) 文脈依存型句構造規則の多用
(b) 述語によって埋め込み文を必要とするものがある。そこで述語を分類し，埋め込み文を必要とする述語の直前に CSPS 規則により記号 E を生成した。
(c) 従来は独立した動詞ではなく，附属形式として扱われていた使役を表わす「させ」，受動を表わす「られ」，願望を表わす「たい」などを，埋め込み文を要求する動詞として扱っている。例えば，「私が弟を駅まで走らせた」は［私が［弟が駅まで走る］させた］という具合に「させ」が埋め込み構造を持っていると分析している。そして，単純変形で「はしる」+「させ」→「はしらせ」（hasir＋sase → hasirase）を派生し，動詞の結合によって単文になった段階で「弟が」は「弟を」に変形される。このように述語によって選択される埋め込み文を補文（complement sentence）と呼ぶ。このような構造分析が基になって，次の拡大標準理論で補文構造の充実した研究へと発展した。
(d) 格助詞を主要格助詞（Primary Particles：Pp）と二次的格助詞

(Secondary Particles：Ps)に分けた。前者には，「は，が，を，に1（与格の「に」）」を，後者には「から，へ，と」など残りの格助詞を属させていた。「は」は，日本語学でも副助詞とされ，生成文法でも話題（topic）を表示するものとされている。ところで，Inoue (1964) の考察は，状態文では「は」が通常の主語を表わし，「が」を用いると「取り立て」（久野 (1973) での「総記」）の意味を持つとしている。例えば，「この家は頑丈に出来ている」は，「この家」を特に取り立てて述べているわけではない。それを「この家が頑丈に出来ている」とすると，総記「他の家の中でこの家だけが」の意味になる。これを考慮して，話題の「は」とは別に，「は」を状態述語の主語に与えられる格助詞に相当するものとして扱っているのである。

以後の日本語研究では，話題の「は」のみが論じられているが，最近のCP (Complementizer Phrase：補文標識句) の研究において，各種の話題句が議論に上り，この問題に適切な解答が得られる可能性が出てきた。この点は極小プログラムを扱う第4章の「CP領域の分析」で詳述する。

「は」を除く「が，を，に1」は文法格（structural case）とよばれ，二次的格助詞は後置詞句（英語では inherent case（固有の意味をもつ格））と呼ばれるものである。Chomsky (2002) では「文法格と固有格の区別は『原理とパラメータ接近法』になって初めて導入された」と述べているが，生成日本語研究ではこれより20年も前に研究課題にされていたのである。

4.1.2. Inoue (1964) の問題点

次に，Inoue (1964) の問題点を挙げる。

(a) この研究では言語資料を重視し，書き言葉の資料を用いて分析を行い，句構造規則，変形規則，形態音韻規則を立てた。これは，仮説群であって，それを検証する議論が必要であった。ところが，

仮説群の提示に終わり，資料から仮説群設定の筋道は示してはいるが，組織だった議論により仮説を支えるまでには至っていない。黒田がこの論文を「日本語統語構造の概説書」と評したのはもっともなことであった。
(b) Kuroda（1965）が提案する格助詞付与変形によれば，文法が簡潔になり離れた要素間の依存関係も無理なく記述できる。ところが，Inoue（1964）では，文脈依存型句構造規則によって格助詞および後置詞（Chomskyによる固有格助詞）を生成している。そのために，述語（動詞，形容詞，形容動詞）などを，格助詞選択を基準に細かく下位分類し，それらと共起しうる要素を綿密に指定している。その上で，名詞句にはそれが生起する文脈に応じてしかるべき格助詞が付加されるという具合である。かなり複雑な文法であることは間違いない。

　上にあげた欠点は，範疇（言い換えれば動詞，形容詞，名詞など品詞）を細分化することによって各種の選択制限をすべて示そうとしたことによる。この種の文法が引き金になって，各語彙項目に与えられた素性表記によって，その項目が生じうる文脈を示すという拡大標準理論の方向に進んだ。

　Inoue（1964）での動詞，形容詞，形容動詞，名詞の下位分類は，それらの生起する文脈を基準にした非常に綿密な分析結果である。ここでの下位分析は，分布状況のみならず意味にも深く関与する情報を含んでいる。ところが，次の段階の拡大標準理論では，移動変形を中心にした統語論に重点が置かれ，標準理論による文法の一部で追求された，上記のような語彙項目自体の研究はおろそかにされた。GB 理論の段階になって形態論重視の流れが頭角を現わした背景にはこのような事情がある。1982 年に東京で開催された国際言語学者会議の全体会議で，MITの Marantz が「これからは形態論の時代だ」と述べたのは，当を得た発言であった。そして，日本語に例をとるならば，影山の『動詞意味論』（1996）に代表される新しい研究の芽がすでに出ていた。

4.2. Kuroda (1965): *Generative Grammatical Studies in the Japanese Language*

すでに述べたように，Kuroda (1965) は生成日本語文法のみならず，生成文法理論にも影響を及ぼした重要論文である。日本語全般を研究対象にしているのではなく，(a)「は，も，さえ」などの副助詞と不定名詞句「何，誰」などによる統語現象，(b) 音形のない（ゼロ）代名詞と再帰代名詞「自分」の派生，(c)「が，を，に」の文法格付与を扱ったものである。

(a) に関しては，「は」を初めとする副助詞は文の各種の構成素に付加されて，その構成素にそれぞれの意味を与えることを示した。例えば，「は」は，「太郎は昨日帰国しました」「昨日は大掃除をしました」「洗濯は君にしてもらうよ」「太郎が訪ねては来たが，両親のことは何も言わなかった」に見られるように，主語名詞句，時の副詞，目的語，動詞などに付加されるのである。「は」をこれらすべての位置に生成させておくわけにいかない。そこで，句構造規則で文末に生成された副助詞を変形規則によってしかるべき構成素に付加せざるをえない。そうすると，付加された要素の位置によって文の意味が変わるのである。これは，従来の了解と異なり，変形が意味を変えることを意味する。

この主張は，「変形は意味を変えない」という生成文法の当時の主張を転換させ，深層構造のみならず表層構造も意味解釈に寄与するという解釈意味論に道を開いた。1966年に連続講義のために来日した Chomsky は，講義の冒頭にこの主張の重要性に言及し，その後の理論の展開を示唆した。

(b) は，GB 理論の主要論点である束縛理論（binding theory）の基礎をなす，再帰代名詞，代名詞，指示表現としての名詞（referential expression, 主として名詞）の区別を明らかにしたものである。束縛理論では，この区別を次の（ⅰ）（ⅱ）（ⅲ）として表わしている。

（ⅰ）anaphor（照応形式）はそれを統率する範疇（governing cate-

gory）内で束縛（bind）されている。
（ii）代名詞は統率範疇内で束縛されていない。
（iii）指示表現は束縛されてはいない。

　（c）は線状格付与（linear case marking）という形で，生成日本語文法の基本的な考えの1つになったものである。ここでは，「が」と「を」は，格表示のない（無標の）名詞句に，次に示す変形規則により循環的に最も深く埋め込まれた文から順次直上の文へと付与される。
　格付与規則：最初の無標の名詞句を「が」で印づけ，他の無標の名詞句を「を」で印づけよ。
　線状格付与は，構造を手がかりに格付与を行う久野（1973），Takezawa（1987）と対立する考えである。

4.3. 久野（1973）：*The Structure of the Japanese Language*（『日本文法研究』）

　久野は1973年に，*The Structure of the Japanese Language* と『日本文法研究』を出版した。内容に違いがあるが，格付与などの重要論点では同一の議論を展開している。特徴として，標準理論，拡大標準理論における基本的な仮説を，日本語を用いて実証している点をまず上げることが出来る。例えば，主文内の要素と同一指示標識を持つ補文の主語を削除する同一名詞句削除規則，補文の動詞を主文に繰り上げ，主文動詞と一体化する動詞繰り上げ規則などの仮説は，日本語の資料から十分な根拠を得ることが示されている。その上で，先に述べた構造を手がかりにした格付与変形規則や，文頭の位置格「に」（例：京都にお寺が沢山ある）や所有格「の」（例：この店の握りずしが美味しい）を「が」格に変換する「主語化規則」を提案した。これにより「京都がお寺が多い」「この店が握りずしが美味しい」などが派生される。これらは，生成日本語文法の基礎的な考えとして定着した。さらに，「は」の意味を話題と対比に，「が」を中立叙述の主語と総記（全ての中からこれだけ

がの意味）に分けたのも久野の創案である。

5. 標準理論の深層構造

標準理論では，PS 規則で生成された構造に語彙項目，すなわち一般に言う単語を挿入した深層構造を原初構造としている。それに対して，単語の組成を扱う語彙以前の構造表示が必要だとする Gruber（1965）と，述語の補語として現われる名詞句の意味役割を原初構造とすべきであるという Fillmore（1968）の格文法（Case Grammar）がある。いずれも，深層構造が意味解釈に必要な情報をすべて含んでいなければならないという標準理論の考えをとるならば，語彙前の変形による語彙組成，および意味役割を表示する「格」構造を組み込んだ原初構造が必要であるとの主張である。（以下にこれらを詳しく見てみる。）

5.1. Gruber の語彙前の構造

Gruber は出来事（Event）を主題（Theme）と修飾部（Qualifier）に分ける。修飾部は動詞と前置詞からなる。語彙前の構造（Prelexical Structure）での動詞の分類は次の通りである。

（2）語彙前の構造での動詞の分類

	位置	所有	認定	事態
移動	go	lend	change	coerce
持続	remain	keep	leave	prevent
中立	be	have	be	be

（表の中の語彙はそれぞれの類の例である。）

（3）a. This car went from Mr. Kato to my brother.
　　　b. [$_{\text{Theme}}$NP[$_{\text{Qualifier}}$V　　[$_{\text{PP}}$[$_{\text{Prep}}$FROM]NP][$_{\text{PP}}$[$_{\text{Prep}}$TO]NP]]]

$$\begin{bmatrix} \text{Motional} \\ \text{Possessional} \end{bmatrix}$$

　　　　　　　　　　　　　　（Motional ＝ 移動，Possessional ＝ 所有）

（3b）の構造に語彙前の変形を適用し，前置詞句と主題の位置を入れ替え，前置詞を動詞に付加すると，（4a）（4b）ができる。

（4）a. NP FROM ＋ $\begin{bmatrix} \text{V} \\ \text{Motional} \\ \text{Possessional} \end{bmatrix}$ Theme TO NP

　　　b. NP TO ＋ $\begin{bmatrix} \text{V} \\ \text{Motional} \\ \text{Possessional} \end{bmatrix}$ Theme FROM NP

（4a）からは，give, sell（やる，与える，売る），（4b）からは，receive, buy（貰う，受け取る，買う），のような動詞が語彙として派生され，（5a）（5b）のような文が出来る。

（5）a. Mr. Kato sold this car to my brother.
　　　b. My brother bought this car from Mr. Kato.

以上の仕組みにより，Gruber の文法では，語彙前の構造と深層構造が意味解釈に寄与することになる。この文法は，上にあげた例の他に多くの動詞の分析を行っており，動詞間の意味の関連を巧みに捉えている点でも理論の発展に貢献している。
　生成文法では主題役割（thematic role, θ-role）という用語が定着しているが，これは Gruber に由来するものである。

5.2. Fillmoreの格文法

　Fillmoreの格文法も，深層構造のみでは十分な意味解釈ができないという立場である。たとえば，（6 a）には曖昧性がないが（6 b）は二様に解釈できる。

　　（6）a. みかん箱が10個トラックに乗った。
　　　　　b. 子供が10人トラックに乗った。

（6 a）の「みかん箱」は対象物（theme）を表し，この場合の「乗る」は完了相を表わす「た」と結合して，動作の結果状態を表わしている。この場合に動作の達成を表す「乗せることができた」という意味が含まれる。（6 b）にも，「子供」を対象物と解釈し，（6 a）の意味を与えることが出来る。それに加えて，「乗る」が動作動詞として働き，主語の「子供」が動作主と解釈される。このように，同一の動詞と主語を用いた文の主語の意味役割が一義的に決まらない場合が少なくない。（7）の主語も動作主と経験者の両義に解釈できる。

　　（7）私は重要書類を焼いてしまった。

　つまり，意図的に「焼いた」動作主の意味と，「焼いた」という経験をした経験者の意味がある。範疇と文法関係のみを表わす深層構造では，「動作主」「経験者」などの意味格を扱うことができない。これが格文法の原点である。
　格文法の重要な主張は，「1つの格は1つの文に与えられ，1つの文には1つの格が付与される」という「一格一文」と呼ばれる原理である。すなわち，同じ格（例えば，「動作主」）は1つの文に1回しか現われてはならないし，1つの文には同じ格が1回だけしか現われてはならない。
　（8）は格文法の範疇規則である。

(8) i. S → M + P　　　　　　(M=Modal（法助辞），
　　　　　　　　　　　　　　 P=Proposition（命題））
　　 ii. P → V + C_1 + ... + C_n　(C=Case)
　　 iii. C → K + NP　　　　　 (K=格を示す前置詞または
　　　　　　　　　　　　　　 後置詞)

(9a) は (9b) の格構造を持っている。

(9) a. John opened the door with this key.
　　 b.
```
                    S
                   / \
                  M   P
                     /|\ \
                    V O I  A
                     /\ /\ /\
                    K NP K NP K NP
                    : :  : :  : :
         Past open  ∅ the door with this key by John
```
　　　(A=Agentive（動作主格），O=Objective（対象格），
　　　 I=Instrumental（道具格））

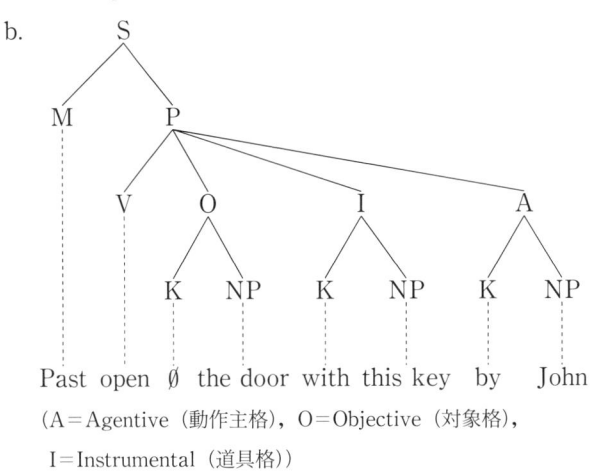

(9b) に主語化規則がかかって M の前に A が移動し，K (by) が削除されて (9a) が派生される。
　次に，(9a) では，［O, I, A］が選ばれているが，(10a) では［O, I］，(10b) では［O, A］，(10c) では［O］のみが選ばれている。

(10) a. The door opened with this key.
　　　b. John opened this door.
　　　c. The door opened.

このように，任意の格選択を (11) として表わし，これによって動詞間 (特に自動詞/他動詞) の関連を捉えているのである。

(11) +[__ O (I) (A)]

上記において，カッコは任意要素を表わす。(11) は格の枠 (Case Frame) を示したものであるが，格の枠に合った動詞が (11) の下線部に挿入されるのである。

5.3. まとめ

標準理論の深層構造に対して，Gruber (1965) と Fillmore (1968) の 2 つの修正提案が出されたのであるが，これらの提案は GB 理論の中に主題理論 (θ-theory) として見事に吸収され，格理論 (case theory) と共に統語構造生成の柱になっている。例えば，主題役割を与えられる主語と与えられない主語の位置を立てることにより，受動文では主語の位置に主題役割が与えられないため，動詞から主題役割を与えられた目的語が，格を得るために主語の位置に移動することができるという仕組みを作っている。これによって「一格一文」の原理が貫かれているのである。

第2章　拡大標準理論

1. 拡大標準理論の輪郭

　拡大標準理論（Extended Standard Theory：EST）の時期は，普遍文法の一環として，PS規則も変形規則もともに定式化することを目標に研究が進んだ。その成果の中に，その後の理論の発展に寄与し現在の理論の中にもそれらの核心の部分が残されているものが少なくない。本章ではそういった論考を取り上げる。

　PS規則に関しては，動詞句，名詞句，形容詞句などを別個のPS規則によって生成する従来のやり方では，一般化を著しく欠いていたとの認識に立ち，Chomsky (1970) はXバー理論を提案した。すなわち，句は範疇の如何にかかわらず，すべてその主要部（X）を核とした内心構造であると主張し，(1) に示したX′式型（X′ Schema）を用いて句構造を生成することを提案している。

　　（1）a.　X″ → [Spec, X′] X′
　　　　b.　X′ → X …　　　　　　　　（Chomsky 1970, p. 210）

(1a) によってX″（句）はX′の指定部（[Spec, X′]）とX′に分けられる（Spec-Specifier：指定部, [Spec, X′]：X′の指定部）。次に (1b) によってX′が主要部Xとその補部（complement：… で表わして

いる)に分析される。補部には名詞句,形容詞句,文などが生起する。Xと補部の語順は,主要部が先に来るか,後に来るか([±head initial])というパラメータの選択により決まる。日本語はこのパラメータのマイナスの値を選択しているので,主要部後置,すなわち [... X] の語順になる。

　変形規則に関しては,第一にこれまで提案された様々な変形規則の特徴やその適用にたいする制約などに関して掘り下げた研究が活発に行われた。その中で,特に移動変形とそれ以外の変形を区別し,さらに移動変形を項(argument)の位置への移動(A movement：A移動)と非項(CPの指定部：CP-Spec)への移動(A′ movement：A′移動)に分け,A′移動に関する研究が理論の発展に大いに寄与した。(CP (Complementizer Phrase)＝A′/A′は従来のS′にあたる。)

　第二に,述語によって選択される埋め込み文は補文と呼ばれるが,補文構造に関する研究がこの時期に進展した。

　第三に,標準理論および初期の拡大標準理論において変形規則によって派生していたものの中に,意味解釈規則にゆだねるべきものがあるとする解釈意味論が台頭した。例えば,標準理論で主文の主語または目的語と同一指示物を指す補文の主語を「同一名詞句削除変形規則」を用いて削除したが,ESTでは補文主語として現れる同一指示代名詞をPROとし,主文中の主語または目的語がこれの先行詞になるとした。これを専門用語を用いて「主文中の主語または目的語がPROをコントロールする」と表現した。移動変形規則の適用により後に残留するものを痕跡(trace：t)と呼び,移動した要素と痕跡は同一指示標識を共有する。さらに再帰代名詞化,代名詞化変形規則によって派生されていた再帰代名詞や代名詞にも先行詞を決定する仕組みが提案された。また,日本語,ロマンス語などに見られる省略された主語(音形を持たない主語)をproとした。その結果,音形を持たない代用形式をPRO, pro, trace (t)の3つに区別し,それぞれについて詳細にわたる研究が続けられた。これらの代用表現に関しては,次のGB理論の段階で統一した原

理にまとめられた。この点に関しては，第3章で詳述する。

1.1. 変形規則の形式と適用

1.1.1. 変形規則の形式

　変形規則はそれが適用される構造記述とその構造に対する構造変化という形を取る。そして，変形規則には項の位置に要素を移動させるA移動変形とCPの指定部への移動であるA′移動変形の2つが設定された。

　A移動変形の典型は受動変形である。受動変形は，1980年代のGB理論以来の分析によると，目的語が受動動詞から格を得ることができないので，格を得るために，時制辞から格を得ることができ，しかも語彙項目が挿入されていない主語の位置に移動すると仮定している。これに従うと，A移動の跡に残された痕跡には格は与えられていない。それに対して，A′移動変形を駆動する疑問詞句は，項だけではなく，副詞句など様々な範疇に属する。したがってCP-Specという非項に移動する要素が格を与えられる位置から移動すれば，その痕跡には格が与えられており，そうでなければ格を与えられていないということになる。疑問詞（wh-語）はA′移動を行うが，その痕跡はwh-語という演算子（operator）によってそれが指し示す指示表現が決まる。専門用語では，「疑問詞の痕跡は疑問詞という演算子に束縛されている」ということになる。このように，文（S）の中にあって，演算子に束縛されている音形のない代用形式（空代用形式）を変項（variable）と呼ぶ。

1.1.2. 変形規則の適用

　標準理論をたたき台にした発展的な研究が1960年台後半に集中するが，MITの博士論文であるRoss（1967）もそれらの1つとして拡大標準理論への道筋をつける役割を果たした。この論文の題名 *Constraints on variables in syntax*（統語論における変項にたいする制約）の示すとおり，A′移動の残す痕跡にたいする制約は，すなわちA′移動変形の適

用にたいする制約である。Ross は複合名詞句制約（Complex NP Constraint），文主語制約（Sentential Subject Constraint），等位構造制約（Coordinate Structure Constraint），所有格名詞句にたいする制約：左枝の制約（Left Branch Constraint）を提案している。

1.1.3. Ross の変項にたいする制約

（2）a. We discussed the plan which the committee agreed on.
　　　b. *They know the committee which we discussed the plan which agreed on.

(2a) の下線部は，the plan という語彙主部（lexical head：実名詞句主部）を持つ名詞句であるが，このような名詞句を複合名詞句と呼ぶ。(2b) では複合名詞句の中から，the committee を抜き取って移動させているので，複合名詞句制約に抵触し，非文を派生している。

（3）a. That Mr. Smith sent us this report is obvious.
　　　b. *This report which that Mr. Smith sent us is obvious is going to be transferred to the PTA.

(3a) の下線部は that で始まる文が主語として用いられている。これを文主語と呼ぶが，この中から this report を抜き取って移動させた (3b) は非文である。すなわち，文主語制約に抵触しているのである。

（4）a. John and Mary came to see us yesterday.
　　　b. *John who came to see us yesterday and Mary must be back in Tokyo by now.

(4a) の下線部は and によって繋がれた等位句である。そのため (4b) のように，単語でも句でも等位接続された構造から一方だけを抜

き取ることはできない。等位構造制約が働くからである。

(5) a. John rode the boy's father's car last night.
b. *This is the car that John rode last night the boy's father's.
c. *This is the boy whose John rode father's car last night.
d. This is the boy whose father's car John rode last night.

(5 a) の下線部は所有格を持つ名詞句である。その主名詞 car, 所有格名詞句 the boy's のみを抜き取った (5 b) (5 c) はともに非文である。それにたいして，最初の所有格名詞句を関係詞 whose とし，所有格名詞句全体を移動させた (5 d) は適格な文である。これは (5 c) に示されているように構造上一番左にある名詞句だけを抜き取ることができないという制約である。その意味で，この制約は左枝の制約と呼ばれている。

次の GB 理論の段階になって，要素の抜き取りを阻むものとして NP と S または S′（英語では S′）を境界節点とし，境界節点を 2 つ以上越えると下接の条件（subjacency）に違反するとして一般化された。これにより補文主語の制約はこの条件に組み込まれたが，他の大部分は現在も重要な概念として残っている。

1.1.4. Chomsky (1973) の変形規則の適用にたいする条件

Chomsky (1973) は変形規則の適用にたいする論考である。まず，PS 規則により S → Comp S′, S′ → NP VP を生成し，S を変形規則の循環的適用領域として変形規則の循環適用の仕組みを明らかにしている。これらの規則で用いられている S は後の定式化では S′ であるから，循環適用領域は現在の呼称では S′ となる。

次に，変形規則の適用に対する条件，特に要素の抜き取り（extraction）を阻止する構造条件を詳しく述べている。1 つは，規則が適用さ

れる構造記述の中に特別な指定がない場合に,「A 型の句が同じ A 型の句を含んでいるとき,より大きい句に変形が適用される」という「A の上の A の条件」(A over A Condition) を掲げている。例文 (6 a) において大きい NP (the boys in junior high schools) を受動文の主語にした (6 b) は適格な文であるが,それに含まれている NP (the boys) のみを主語にした (6 c) はもとの意味を保っていないという意味で非文である。これは A の上の A の条件によって説明できる。

(6) a. Mr. Smith trained [[the boys] in junior high schools].
b. The boys in junior high schools were trained by Mr. Smith.
c. *The boys were trained by Mr. Smith in junior high schools.

さらに,指定主語(音形をもつ一般の名詞句主語および照応形ではない代名詞主語)をもつ文(例文 (7)),時制文(例文 (8)),および疑問詞疑問文(例文 (9))からの要素の抜き取りが不可能なことを示し,指定主語文,時制文,疑問詞疑問文からの抜き取りにたいする条件として提案している。

(7) a. It is pleasant for the rich [to do the hard work].
(Chomsky 1973, (33 a))
b. The hard work is pleasant for the rich to do.
(同 (34 a))
c. *The hard work is pleasant for the rich [for poor immigrants to do].   (同 (35))

(7) の各文の for the rich は主文の副詞句,to do the hard work は補文である。(7 a) (7 b) の補文の主語は音形を持たない代名詞 (PRO)

で，the rich を指す。PRO は指定主語ではないので，(7 a) の補文の目的語の the hard work が補文から抜き取られ，It と置き換えられて，(7 b) が派生される。(7 c) では，補文の主語が PRO ではなく，指定主語 (for poor immigrants) であるから，the hard work を補文から抜き取って前置することができない。

(8) a. I believe the dog to be hungry. （同 (18)）
    b. I believe the dog is hungry. （同 (17)）
    c. The dog is believed to be hungry.
    d. *The dog is believed is hungry.

(8 a) の補文 the dog to be hungry は時制辞を持たない。そこでその主語 the dog を抜き取って受動文の主語として前置することができ (8 c) が派生される。それにたいして，(8 b) の補文では is が時制を担い時制文を作っているから主語の dog を抜き取って受動文を派生した (8 d) は非文になる。時制文からの抜き取りに対する制約に違反したためである。

次に間接疑問補文から疑問詞または疑問詞句を抜き取ることはできない。(9 a) の補文の中から補文の COMP の位置に疑問詞句を移動させた (9 b) (9 c) は適格な文であるが，(10) は非文となる。

(9) a. COMP John knows [$_s$ COMP PRO to give what books to whom]. (Chomsky 1973, (62))
    b. John knows what books to give to whom. （同 (65)）
    c. John knows to whom to give what books. （同 (66)）

(9 b) では補文の COMP の位置に what books，(9 c) ではその位置に to whom が移動している。しかし，例文 (10) のように，補文の COMP の位置が疑問詞句に占められている場合に，それを越して他の

疑問詞句を移動させることはできない。

 (10) a. *To whom does John know what books to give?
    b. *What books does John know to whom to give?

これは，疑問詞疑問文はその中から疑問詞または疑問詞句を抜き取ることを阻止するからである。この制約を wh-island（疑問詞の島）の制約と呼ぶ。

 次に，言語一般には境界節点（bounding node）として [S, NP] [S′, NP] が選択肢として与えられており，英語では [S′, NP] が選択されているとしている。

 また，ある要素 X が Y よりも上位にあり，X と Y の間に境界節点がない場合に，指定主語の条件，時制文の条件などに抵触しなければ，これらは下接（subjacent）しているとし，下接の文から直上の文への要素の引き上げや，上の文の要素による同一指示要素の削除が行われる。さらに，補文標識（COMP）の位置に移動する疑問詞移動が循環的に適用されて，疑問詞が深く埋め込まれた補文の COMP の位置から順を追って最上位の文の COMP の位置まで移動する wh-移動についても Chomsky（1973）は詳しく述べている。

1.1.5. Chomsky（1977）の wh-移動

 Chomsky（1977）では，wh-移動の一般的特徴として，(11) をあげている。

 (11) a. wh-移動は空所（gap）を残す。
    b. 主文の動詞が believe，think，tell など繋ぎの役割を果たす動詞（bridge verbs）の場合に，wh-語の COMP から COMP への移動には，下接の条件，時制文および指定主語の条件を破っての移動が可能である。

    c. 複合名詞句からの要素の抜き取り制限に従う。

(Ross の複合名詞句制約)
    d. 疑問詞疑問文からの要素の抜き取り制限に従う。

(Chomsky 1977, p. 86)

上記 (11 b) の特徴ゆえに，(12) のように深く埋め込まれた文からの wh- 語の抜き取りが可能である。

(12) What crimes does the FBI know [that Mr. Smith thinks [that his son can detect t ?]]

(12) の痕跡 t は what crimes の元の位置に残されている。

1.1.6. wh- 移動の拡張

Chomsky (1977) では，これまで疑問詞とは無関係と考えられた構文の中に，深く埋め込まれた文からの取り出しを許し，疑問詞文と同様に上記 (11) の条件を満たすものがあることを指摘した。例えば，比較文 (13 a)，話題文 (13 b)，分裂文 (13 c)，間接疑問文 (13 d)，不定詞関係節 (infinitival relative) (13 e)，難易文 (13 f) 等である。

(13) a. Mary isn't the same as [John believes [that Bill claimed [that she was five years ago]]]. (Chomsky 1977 (52 b))
    b. This book, I asked Bill to get his students to read.

(同 (63 b))
    c. It is this book that I asked Bill to get his students to read. (同 (86 b))
    d. I wonder [who John believed [that Mary would claim [that Bill would visit]]].
    e. I found a book for you to arrange for Mary to tell Bill

to give *t* to Tom. (同 (106 b))
f. John is easy (for us) to convince Bill to do business with *t*. (同 (127 a-(I)))

これらの文のように,表層構造に疑問詞が現われないにもかかわらず,(13) に示したような疑問詞文と同様の振る舞いをする文には,音形のない *wh*-語が空演算子 (null operator) として関わっていると主張している。

さらに,アメリカの方言の中には (13 a) ではなく (14) を適格文とするものがある。

(14) Mary isn't the same as [what she was five years ago].

これは,Chomsky (1977) で (13 a) の基底構造の補文標識として what を仮定しているのに根拠を与えるものである。この構造から what を削除して表層構造が派生される仕組みである。後に,what の代わりに空演算子を立て,統語論上重要な機能を担わせた。

(15 c, d) が示すように,比較文にも抜き取り制限がかかる。

(15) a. Mary isn't the same as [she was five years ago].
(Chomky 1977, (52))
b. Mary isn't the same as [John believes [that Bill claimed [that she was five years ago]]].
(比較の基準となる句が深く埋め込まれている。)
c. *Mary isn't the same as [John believes [Bill's claim [that she was five years ago]]].
(複合名詞句からの抜き取り制限)
d. *Mary isn't the same as [I wonder [whether she was five years ago]].
(疑問詞疑問文からの抜き取り制限)

話題文，分裂文も比較文と同じく，深く埋め込まれた文からの抜き取りを許し，複合名詞句および疑問詞疑問文からの抜き取りを排する。これらの特徴はすべて音形のない *wh-* 要素，すなわち空演算子の COMP から COMP への移動を仮定して初めて説明がつく。

1.1.7. Postal（1971）の交差の制約

Postal（1971）は，*wh-*語と同一指示の代名詞がその *wh-*語の痕跡の左に出てはならないことに注目し，交差の制約（cross-over constraint）を提案している。

  (16) *Who$_i$ did he$_i$ believe that Bill invited t_i?

(16) は強い交差の制約違反の例である。
これにたいして，(17) に見られるように交差される名詞句の中に同一指示の代名詞がある場合は，弱い交差（weak cross-over）の制約と呼んでいる。この制約はその後，移動が起こったかどうかの判定に広く用いられることになる。

  (17) *Who$_i$ does his$_i$ mother love t_i?

(16)(17) では，who がそれと同一人物を指示している he または his を飛び越え，すなわち he, his と交差してその左に出ている。これを阻止するために，交差の制約は，「*wh-*語の痕跡はそれと同一指示の代名詞を構成素統御していなければならない」と定式化されている。

  (18) 構成素統御（constituent command = c-command）

(19) に見られるように，A を支配する節点（この場合 X）が B を支配している節点をすべて支配している場合に，A が B を構成素統御し

ているという。

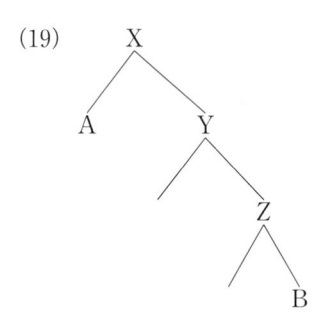

(19)
```
      X
     / \
    A   Y
        |
        Z
       / \
          B
```

そして，(20) のような場合は A と B が互いに構成素統御（mutually c-command）しているという。

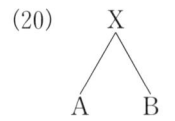

(20)
```
    X
   / \
  A   B
```

(16) (17) での痕跡 t は目的語であるから，それを支配する動詞句 (VP) がある。したがって t は主語の he, his mother もその中の his も支配することができない。つまり，t は he, his を構成素統御できない。そのためにこの文は非文となるのである。

1.2. 補文構造

補文構造（complement construction）という用語は Rosenbaum (1967) に由来し，動詞句，名詞句の補部として文が埋め込まれている構造を指す。Rosenbaum はまず，(21) によって S (sentence) と PDP (predicate phrase：述部) を分析する。

(21) a. S → NP AUX PDP

b. PDP → VP ADV

次に，(22) の PS 規則 1 と 2 を立てている。

(22) PS Rule 1   VP → V (NP)(PP) $\left\{ \begin{array}{l} S \\ PP \end{array} \right\}$

　　 PS Rule 2   NP → DET N (S)

(22) において埋め込まれている S が補文である。そして，カッコ内の任意要素のいずれを選択するかによって各種の構文が生成される。そして補文標識（complementizer）が変形規則によって挿入される。時制文には that，不定詞文には for to，動名詞文には -'s ing が補文標識として働く。(23) に挙げたのは，このようにして生成される代表的な例である（Rosenbaum, 1967, p. 93）。

(23) a. Bill condescended to stay here.　　（V と S が選ばれている）
　　 b. Bill prefers to stay here.
　　　　　　　　（V と NP が選ばれ，NP に S が埋め込まれている）
　　 c. We persuaded John to stay here.
　　　　　　　　　　　　（V, NP, S が選ばれている）
　　 d. I decided on John's representing us.
　　　（V と PP が選ばれ，PP の目的語の NP に S が埋め込まれている）
　　　　　　　　　　　　　　　　　（Rosenbaum（127 f））
　　 e. That you came early surprised me.
　　　　　（主語の NP に S が埋め込まれている）（同（121 a））

なお，補文が名詞句であるか，文であるか，受動文の主語になりうるかどうかなどについては，厳密な統語テストによって決定している。

上記のように Rosenbaum は平叙文の補文構造をあつかっているが，

Bresnan（1972）は PS 規則 S′ → COMP S を立てる。そして，that, for と同じく WH も補文標識（complementizer：COMP）として深層構造に導入する。その主な根拠として COMP はそれぞれ固有の意味をもっており，そのために主文の動詞および動詞を取り巻く環境との間に選択制限があることを挙げている。略していえば，COMP が動詞を下位分類しているのである。さらに，COMP は補文主語の抜き取りに影響を与える。that, for, WH の他に比較句を導入する than, as も COMP としている。Bresnan が行った平叙文の分析は Rosenbaum の分析と大差はないが，WH も補文標識とし間接疑問文を視野に入れることによって，補文構造の全体像を明らかにすると同時に，補文の選択を基準にした動詞の分析に効果を上げている。

1.3. 補文からの繰り上げ

Postal（1974）は，英語などには補文主語を主節主語または主節目的語の位置に繰り上げる「繰り上げ変形」（raising）を必要とするものがあるとし，この種の構文の詳細な研究成果を提示している。主語位置への繰り上げを要する文は，したがって深層構造の主語位置に語彙項目が挿入されていない，いわゆる空主語構文である。

(24) a. John seems to be diligent.
    b. ＿＿ seems [John to be diligent].

この構文は「繰り上げ構造」として，第3章1.2.1.1.(iv) で取り上げるコントロール構造と対照しながら深く研究された。(25 c) の Bill のように目的語位置への繰り上げによって目的語になった名詞句には「例外的格付与」が行われるとしている。

(25) a. John believes Bill to be diligent.
    b. John believes [Bill to be diligent].

c. John believes Bill [to be diligent].

1.4. Jackendoff（1969, 1972）の解釈意味論

　Jackendoff（1969）は，Lakoff（1965）などが標準理論の枠組みの中で主張した生成意味論に対立する解釈意味論を提出した。すなわち，否定や数量詞の及ぶ範囲（scope）に関する曖昧性や，話者の発話に際しての前提や焦点の問題などは，深層構造より抽象的な構造に組み込まれた表示により解決すべきであるという生成意味論の主張に反し，これらは表層構造に適用する意味解釈規則を用いて解釈すべきであるという主張をした。Jackendoff（1972）では概念意味論（Conceptual Semantics）を展開し，抽象的な意味表示として概念構造（conceptual structure）を示している。これによって語彙項目の概念構造が厳密に形式化されている。

1.5. 理論の枠組み

　1.1.節から1.4.節に亘って概説したように，拡大標準理論の段階では変形規則の形式と適用を厳しく制限する方向で精力的な研究が展開された。特に，「α を移動せよ」（Move α）という形にまとめられた移動変形に関する研究成果は以後の理論の発展を促し，修正を経ながらもその基本的な概念は現在も保持されている。また，理論の枠組みは標準理論と異なり，以下に示すとおり非常に単純化している。

　(26) 深層構造 → α 移動を含む変形規則の循環的適用→
　　　　根変形規則→表層構造→論理形式
　　　　　　　　　　　↘
　　　　　　　　　文体規則→音韻形式

　上記の枠組みの中でこれまでの議論に含まれていなかったのは，根変形規則である。循環的に適用される変形規則は，まず最も深く埋め込ま

れた文に適用され，次にその直上の文へと順次適用を繰り返してゆくことができるが，根変形規則は根節（root clause）と呼ばれる最上位の文にのみ適用するものである。例えば英語の疑問文の主語と動詞あるいは助動詞の並べ替え規則は根の文にしか適用されない。

2. 生成日本語文法の歩み

これまで見たように，拡大標準理論では，大まかに言って変形規則の形式と適用，補文構造，解釈意味論が主要テーマであった。本節では，これらのテーマが同時期の生成日本語文法研究にどのように影響し，研究を方向づけたかを中心に論じる。

2.1. 変形規則

変形規則に関する研究において，この時期に特に進展したのは前述のとおり移動変形規則，中でも変項を痕跡として残す A′ 移動変形に関する研究であった。標準理論の時期には日本語を用いて理論の検証を行う研究が先導役を果していたが，拡大標準理論の段階では日本語の記述研究が充実した。この流れ中で，例えば格助詞付与規則は，Kuroda (1978) において，「線状格表示」(linear case marking) としてまとめられた。

この時期を代表する移動変形規則である *wh-* 移動規則は，日本語の統語規則として仮定する必要がない。というのは日本語の疑問詞（*wh-*語）は英語のように節頭に義務的に移動しないからである。したがって，英語の例文 (27 b) とは異なり，(27 a) では疑問詞句「何を」は基底構造の位置に留まっている。

(27) a. 昨日君は大学の売店で何を買ったのですか。
 b. What did you buy at the university bookstore yesterday?

次に，1.3.節で扱ったRossの変項にたいする制約も，移動を必要としない日本語の疑問詞に対しては作動しないと予測できる。英語では関係詞の wh- 語も節頭に移動することが義務付けられている。下記の英文（28 b）は，痕跡の位置に基底生成されていた the committee を関係詞 which として節頭に移動させたものである。

(28) a. We discussed <u>the plan which the committee agreed on</u>.
   b. *They know the committee$_i$ which we discussed the plan which t_i agreed on.

(28 b) は複合名詞句 the plan which the committee agreed on の中の the committee を関係代名詞 which にして複合名詞句から抜き取り関係詞節の頭に移動させたために，複合名詞句制約違反を起こしているのである。これにたいして，日本文（29）では同様に複合名詞句内の「委員会」をゼロの関係代名詞として b 文を作っているが，適格な文である。

(29) a. 我々は<u>その委員会が合意した計画</u>を議論している。
   b. (そこが) 合意した計画を我々が議論している委員会を彼らが知っている。

つまり日本語では，関係代名詞の移動が起こっておらず，カッコ内に示したように代用形式が用いられている。その代用形式も複合名詞句のような複雑な構造では残留する可能性があるが（29 b），そうでなければ一般に削除される。要するに，日本語では，疑問詞と同様に関係代名詞も移動を伴わないと仮定できる。この仮定の根拠となる移動変形に対する制約について，検討してみよう。

文主語制約についてはどうであろうか。(30) は (9) を再掲したものである。

(30) a. That Mr. Smith sent us this report is obvious.
　　 b. *This report which that Mr. Smith sent us is obvious is going to be transferred to the PTA.

(31) a. スミスさんがこの報告書を我々に送ってきたことは明白です。
　　 b. スミスさんが我々に送ってきたことが明白なこの報告書はPTAに移送されます。

(31)に見られるとおり，文主語制約も日本語にはかからない。日本語では，英語と異なり関係詞節の派生に wh- 語の移動がかかわっていないことは，これによっても明らかである。

　1.3.節で3番目に上げた等位節からの抜き取り，および所有格句の一部抜き取りは日本語においても不可能である。これらには，移動の有無よりも構造の緊密性の保持という観点からの議論が必要である。

　最後にもう1つ久野（1973）からの興味ある資料を紹介しておこう。

(32) a. その人が死んだのに誰も悲しまなかった。
　　 b. 死んだのに誰も悲しまなかった人。
　　　　　　　　　　　　　　　　　　　　　　　(Kuno 1973, p. 249)

(32a) の下線部は副詞節である。この中の主語の「その人」が関係詞化されたのが (32b) である。また，

(33) a. You will cry when you see the movie
　　 b. *That's a movie that you will cry when you see.
　　 c. That's a movie that you will cry when you see it.
　　　　　　　　　　　　　　　　　　　　　　（井上 1976（上），p. 184）

(33a) の下線部は副詞節である。この節から関係詞化して the movie

を抜き取った（33 b）は非文である．抜き取りをせずに，代名詞を元の位置に残した（33 c）は適格文である．これは日本語の代用形式の残留と同じ現象である．

このように，日本語では疑問詞句や関係代名詞は統語での移動を必要としないので，英語に見られるような移動に対する制約から解放されているのである．

以上の考察から，これまで英語を資料にして立てられた移動変形規則の多くが日本語の分析に役立たないのではないか，それらの中に，代わりとして代用形式の解釈規則を提案すべきものがあるのではないかという疑問をもとに，井上（1978）では，「日本語に変形は必要か」という問題提起を行った．これに対して，原田（1977）は日本語にも移動変形規則とすべきものがあると反論し，「かき混ぜ規則」がその例であるとしている．

興味深いのは，Chomsky（1973）では，「かき混ぜ規則」は音韻規則であって，統語規則ではないと述べていることである．次の GB 理論において，Saito（1985, etc.）がこの規則を移動変形規則として扱い，その考えが現在の分析にも残っていることは，原田の先見性の現われとして評価したい．

2.2. 補文構造

Nakau（1973）は日本語の補文構造全体の綿密な分析である．それぞれのタイプの補文を同定するために，種々の統語論に基づくテストを用いており，科学的分析法の具体的開示として高く評価される．

Shibatani（1973, 1976）は日本語の使役他動詞文を含む使役文の研究であるが，使役形式「させ」を用いた強制使役文（coercive causative sentence）にたいして，（34）の補文構造を仮定している．

(34) a. 太郎が次郎を歩かせた．

```
              S
    ┌────┬───┴──┬─────┐
b.  NP   NP    NP     V
    │    │     │      │
   太郎  次郎   S     させ
           ┌───┴──┐
           NP     V
           │      │
          次郎   歩く
```

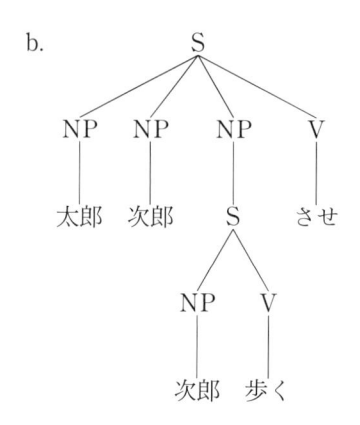

　(34) に対して，補文の主語「次郎」が同一名詞句削除規則により削除され，動詞「歩く」が主文に引き上げられ「歩かせ」を派生，補文(S) が削除されて，単文「太郎　次郎　歩かせ」ができる。この主文のサイクルで格付与規則により「太郎」と「次郎」にそれぞれ「が」と「を」が付加されて「太郎が次郎を歩かせた」が派生される。

　井上（1976，上）は「なる」（学者になる），「する」（学者にする）から始め，使役文，受動文，可能文，願望文（「たい」を主動詞とする文）に補文構造を仮定している。この考えは，Inoue (1964) の考えを新しい理論の枠組みで補文構造として捉えたものである。これらは，久野 (1973) の補文構造の扱いと一致する点が少なくないが，久野では [S → NP NP VP] により VP を生成し，[VP → NP V] と分析している。VP を認める立場を構成的（configurational）な接近法，Shibatani (1973, 1976)，井上 (1976) など VP を仮定しない分析を非構成的（non-configurational）な接近法と呼ぶことがある。これはオーストラリア諸言語研究の権威で MIT の教授であった故 Ken Hale 教授が動詞句節点を持たない言語が多数存在し，それらは動詞とその項がすべて姉妹関係にある (34 b) のような構造を持っていると述べ，これらを非構成的言語と呼んで，構成的言語と区別したことに由来する。

2.3. 談話の文法

前節で述べた「変形規則か意味解釈規則か」という問題提起の中で，久野 (1978) は，削除変形 (deletion) は統語論では扱いきれず，談話構造を分析に用いるべきであると主張した。久野の『談話の文法』は，生成文法理論では，今日に至るまで主流に組み込まれることのなかった「談話 (discourse)」という研究領域が必要であることを日本語研究から主張したものである。当時すでに，英語については談話分析が進んでおり，旧情報・新情報という概念にも記述的根拠が与えられていた。久野はこれらの考えに加えて，適切な言語使用に必要な具体的な原則や制約を立てている。例えば，省略の根本原則，「より古い情報から省略する」という省略順序の原則などである。特に「話者の視点」という考えは，日本語研究からの独創的な提案である。

(35) a. 意外なことに，息子が見舞いにきてくれた。
b. *意外なことに，息子に見舞いにきてもらった。

「くれる」「もらう」は待遇表現として同様に扱われているが，「くれる」の方は話者に視点が置かれ，「もらう」の方は間接目的語に視点が置かれる。したがって，話者の心的状態を表わす表現，例えば「嬉しいことに」「驚いたことに」「残念なことに」などは「くれる」表現とは視点が一致し (35 a) のような適切な文を作るが，(35 b) は視点が不一致のために適切な文とは認められない。

当時の生成文法理論は，後に狭統語論 (narrow syntax) と呼ばれる統語論中心の段階にあった。この時に久野は分析の対象を「文」から「談話」に拡大し，統語論では視野に入っていなかった情報構造の概念を導入している。「談話」や「情報構造」という考えが文法論の何処でどのような根拠を基に仮定されるかについての考察は示されていないが，談話構造の分析を示したことは，当時の生成文法理論の弱点を突い

た主張であった。これが後の久野の機能文法（Functional Grammar）への道を開いたことは注目に値する。

　欧米諸国でも談話に関する研究が出始めてはいたが，生成文法理論の発展に大きな影響を与えるに至らなかった。これにたいして，久野の問題提起により，日本語では文文法のみでは処理できない諸現象があることが，研究者の意識に上り始めた。Inoue（1982 a）はその現われの1つである。その題の *An Interface of Syntax, Semantics, and Discourse Structures* は，意味と文法論との接点（interface）に多くの研究課題があることを示唆した。この時期から理論の検証のための日本語研究ではなく，生成日本語文法研究から理論の発展に資するような発信をするようになり始めたといってよい。そして文文法と談話の接点の問題が正に現在の極小プログラム自体の中心的課題になっているのである。

2.4. 意味解釈

　2.1.節において英語にたいする移動変形規則（Move α）の多くが日本語の分析には適用が難しく，意味解釈規則によって適切な処置ができることを述べた。本節では，これらの他に意味の問題として取り上げるべき問題があり，その1つに生成文法理論では問題にされず，生成日本語研究の中で独自に提起された点があることに注目したい。

　Kuroda（1972）は，その冒頭にバートランド・ラッセルが，言語には「事実を示す」用法と「話者の状態を表現する」用法があると述べていることを特筆している。前者を'categorical judgment'，後者を'thetic judgment'を表わすものとしている。そして，前者は，「は」によって表される話題（topic）と評言（comment）の組み合わせ，後者は，「が」格主語と述語の組み合わせの形を取る。たとえば「熱い」「冷たい」「悲しい」「欲しい」など主語の感情や感覚を表わす形容詞の現在形は，話者の状態を表現するゆえに，報告文体では「のだ」など話者の判断を示す法助辞（modal）無しで1人称以外の主語を持つ文（たとえば（36 b））では使えないとしている。すなわち「事実を示す」文とし

ては（36 c）のように法助辞「のだ」などを伴い，話者の事実としての判断を示す必要がある。（36 d）は動詞表現なので，客観的な報告として受け入れられる。

(36) a.　私は悲しい。
　　　b.　*花子は悲しい。
　　　c.　花子は悲しいのだ。
　　　d.　花子は悲しがっている。

文学作品などに見られる非報告文体では以上の制限はない。

　以上のような認識論からの文法性の問題提起は，生成文法の主流に加えられることがなかったが，これは１つには生成文法自体が法助辞の研究に全く手をつけていなかったことが原因である。今後極小プログラムでは避けて通れない問題の１つであり，この点において，英語よりもかなり鮮明に日本語からの貢献が期待できるのではないだろうか。

　意味の問題でもう１つ注目すべき研究は前提と焦点に関するものである。この時期に発表されたものとしては，Muraki (1974) がある。これは，擬似分裂文と話題文にたいする「前提」の概念を用いた分析の草分けとでも言うべき論考である。

2.5. 語彙文法

　この時期には，これまで統語構造として扱ってきたもの（例えば，日本語の使役，受動，可能，願望，難易などの構造）を語彙部門で扱うという提案がなされた。これを語彙文法（lexical grammar）と呼ぶ。他の言語にたいしても，語彙文法の試みがなされたが，生成文法理論の流れには乗れなかった。日本語の語彙文法としては，Ostler (1980)，Farmer (1980)，Miyagawa (1984, 1989)，Inoue (1982 b) などがある。これらの文法は GB 理論の段階では，ほとんど日の目をみなかったが，極小プログラムでようやく見直しの機運を迎えている。この点は第

４章で自由語順言語の分析と関連させて論じる。

2.6. まとめ

　拡大標準理論の下で，生成日本語文法研究は活況を呈し，多くの成果を上げた。このことは，この段階の理論が記述文法研究に適切な指針を与えたことに起因すると考えられる。しかし，研究が進むにつれ，英語などの資料を基にして仮定された変形規則の多くが日本語分析には有用ではないという意識が暗黙の内に芽生えていた。そして，記述研究が進むにつれて，統語現象において日本語は独特な特徴をもっているとの認識が生まれ，個別言語研究の論考が少なからず現われた。当時の生成日本語文法研究では，普遍文法よりも個別言語研究に重点が置かれていたのである。

第 3 章　統率・束縛理論

　拡大標準理論の時期に生成文法理論は大いに発展し，統語論と意味論に関する研究成果が豊富に出揃った。これらを整理し理論的にまとめ，新しい方向付けを行ったものが Chomsky（1981）：*Lectures on Government and Binding* である。この著作に基づく理論を統率・束縛理論（Theory of Government and Binding：GB 理論）と呼ぶ。このような経緯から GB 理論は拡大標準理論の延長線上に位置づけることが出来る。また，この理論は「原理とパラメータ理論」とよばれることがある。この名称は以下に述べる理論の内容に由来する。

1.　理論的基盤の転換

　Chomsky が 2002 年の *On Nature and Language* で述べているように，拡大標準理論の段階で，英語のみならず種類を異にする多くの言語の記述が進み，多様な言語現象にたいする一般化が試みられ，1970 年代の終わりのころにそれらが集約される可能性が出てきた。その集約の柱は，標準理論で目指した，言語の普遍性を探求し，かつ言語の多様性を捉えるという，相反する目標に応えるべき理論の構築にあった。外から与えられる刺激の乏しさにもかかわらず，すべての人間が短期間に同じような経過を経てことばという複雑な体系を体得するということは，人間という種に生まれながらに言語能力が与えられており（普遍性），

生れ落ちた環境で現実に使われていることばに触れて，言語能力がそれぞれの個別言語として具現するのだと考えて初めて説明がつく。普遍性と個別性の探求は相反する目標と見えるかもしれないが，GB 理論では，普遍性を普遍文法の原理とし，多様性を原理に付随するパラメータの値のとり方の違いに起因するものとして捉えることでこの問題を解決した。その意味でこの理論は「原理とパラメータ理論」とも呼ばれるのである。

　Chomsky（2002）で述べているとおり，原理とパラメータ理論になって初めて，記述的研究の域を脱して真の意味の理論構築が可能になった。このような研究環境の中で，この時期には主要論題が多数提出されたが，本書では日本語研究との関連に焦点を当てて議論を進める。

1.1. GB 理論の枠組み

　第 2 章の 1.5.節において，拡大標準理論の段階で理論の枠組みが単純化され，以下の形式を取るようになったことを指摘した。

深層構造 → α 移動を含む変形規則の循環的適用→
　　　根変形規則→表層構造→論理形式
　　　　　　　　　↘
　　　　　　　文体規則→音韻形式

(第 2 章 1.5.節 (26))

　GB 理論では，語彙部門をも統語論の一部として，次頁のように理論の枠組みを整備した。

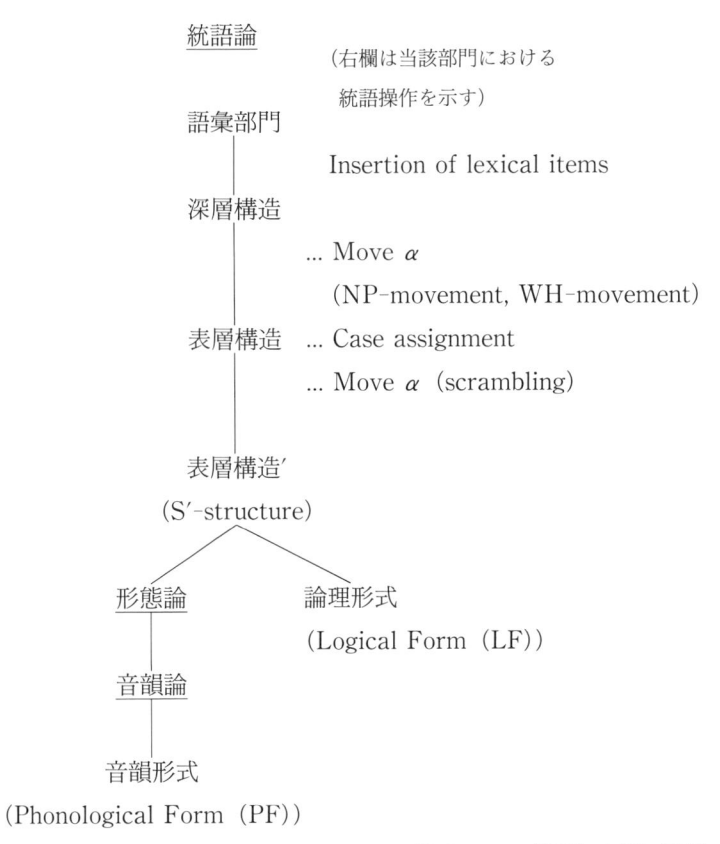

統語論
　　　　　　　（右欄は当該部門における
　　　　　　　　統語操作を示す）
語彙部門
　　　　　Insertion of lexical items
深層構造
　　　　　... Move α
　　　　　　（NP-movement, WH-movement）
表層構造　... Case assignment
　　　　　... Move α（scrambling）

表層構造′
(S′-structure)

形態論　　　論理形式
　　　　　　(Logical Form (LF))
音韻論

音韻形式
(Phonological Form (PF))

（Takezawa (1987) を基に修正）

1.2. 統語部門

　GB 理論は，上記 1.1. 節の枠組みの中で，音韻論を除くすべての部門に亘る研究内容を示したものである。しかし，その中心課題は統語論にあるので，本節では，統語論を中心に GB 理論について述べることにする。

1.2.1. Chomsky (1981)

　Chomsky (1981) は，拡大標準理論で非常に進展した生成文法理論の中で，意味解釈規則を切り離した変形規則群に関して，これまで個々の移動変形として仮定されていた変形規則を分解し，たとえば「繰り上げ規則」「名詞句前置規則」「wh-移動規則」などをまとめて Move α とし，それらの基にある共通原理を仮定し，多様な言語からの資料を用いて実証を行った，総集編とでも呼ぶべき著作である。

1.2.1.1. 原理

　Chomsky (1981) は以下の 6 原理を掲げている。

　　（1）（i）境界理論（bounding theory）
　　　　（ii）統率理論（government theory）
　　　　（iii）主題理論（θ-theory）
　　　　（iv）束縛理論（binding theory）
　　　　（v）格理論（case theory）
　　　　（vi）コントロール理論（control theory）
　　　　　　　　　　　　　　　　　　（Chomsky, 1981, p. 5）

　また，Chomsky (1981) では，この 6 原理に加え，(vii) 投射の原理（projection principle）を仮定している。

　これらの原理を少し細かく見ておこう。
　　（2）i．境界理論（bounding theory）
　　　　　すでに 2 章であげたとおり，境界節点として［NP, S］［NP, S′］の選択が可能である。英語では原則として［NP, S］を境界節点とするが，疑問詞または補文標識（complementizer）が選ばれている場合に［S′］も境界節点になる。

ⅱ．統率理論（government theory）

　Aを主部とする構造において，Aはその補部を統率する。統率は，厳密には以下のように定義されている。

　a．統率（government）：α と β が同一の最大投射（句）に支配されており，α が β を構成素統御している場合に，α は β を統率している。

　　　（構成素統御：第2章1.1.7.節，（19）（20）を参照）

　b．統率範疇（governing category）：α＝NPまたはSとする。α が β および β の統率子を含む最小の範疇である時のみ，α は β の統率範疇である。

（Chomsky, 1981,（1））

ⅲ．主題理論（θ-theory）

　投射の原理に従って生成される深層構造には，述語が選択する項の数と，それらに与える主題役割についての情報が与えられている。ただし，主語には主題役割を与えられる項とそうでない項がある。直接受動文の主語には主題役割が与えられない。そして，論理形式部門（Logical Form：LF）において各項の位置に述語によって主題役割（θ-role）が与えられる。主題理論は，「項はそれぞれただ1つの主題役割を担い，主題役割はそれぞれただ1つの項に与えられる」という主題基準（theta criterion）を擁している。("Each argument bears one and only one θ-role, and each θ-role is assigned to one and only one argument." ── Chomsky, 1981, p. 36,（4））

　このように，投射の原理と主題理論により述語が必要とする項とそれらに与えられる主題役割が決定する。

ⅳ．束縛理論（binding theory）

　① 束縛（binding）

　　同一物を指示するXとYにおいて，XがYを構成素統

御していれば，XがYを束縛しているという。Xが項（argument）の位置にあれば「項による束縛」（A束縛：A binding），項ではないCPの指定辞（CP-Spec）の位置にあれば「非項による束縛」（A′束縛：A′ binding）と呼ぶ。

② 束縛原理（binding principle）
(a) 照応形式（anaphor）はそれの統率範疇内で束縛されている。
(b) 代名詞は統率範疇内で束縛されていない。
(c) 指示表現は束縛さていない。

(Chomsky, 1981, p. 188)

［照応形式には，再帰代名詞（reflexive pronoun：英語では代名詞＋self，日本語では「自分，自分自身」）と相互代名詞（reciprocal pronoun：英語ではeach other，日本語では「互い」），および両言語における名詞句移動のあとに残された痕跡がある。］

ⅴ．格理論（case theory）

「音形を持つすべての名詞句には抽象的な格（Case）が与えられていなければならない」というのが格理論の基本的原理である。抽象的な格というのは，前置詞，後置詞によって表示されている場合も，語尾変化によって表示されている場合もあり，その他の仕組みを取り入れているものもある。日本語では，後置詞である格助詞を用いている。これらを総括してCase（格：大文字は「抽象的な格」の意味）と呼ぶ。そして，次の手続きにより格付与が行われる。

主語の名詞句は，時制辞句（TP：tense phrase）の指定部（Spec）の位置で，時制辞句の主要部の時制辞と素性が一致すれば主格が与えられる。目的語はそれを統率する動詞によって対格が与えられる。ここで，一致（agreement）が重要な役割を果たすことになる。このように指定部と主部（Spec-head），主部と補部（head-complement）の関係が統語上重要な役割を果たす。

vi．コントロール理論（control theory）

　補文の主語として現れる PRO の先行詞である主文内の主語または目的語は PRO をコントロールする。（3 a）はその一例で，（4）に示す第 2 章の（25 a, b）の繰上げ構文とは表層構造は似ているが深層構造は異なるのである。

　　（3）a．I persuaded Bill to join the party.
　　　　　b．I persuaded Bill [PRO to join the party].
　　（4）a．John believes Bill to be diligent.
　　　　　　　　　　　　　　（＝第 2 章 1.3.節（25））
　　　　　b．John believes [Bill to be diligent].

（3）と（4）の間の深層構造の違いは，意味の違いを反映したものである。すなわち persuade（説得する）は「説得する」相手を必要とするので，主文の目的語として表わさなければならない。believe（信じる）にはそのような制約はない。

vii．投射の原理（projection principle）

　投射の原理は，論理形式（LF），深層構造（D‑Structure），表層構造（S‑Structure）の各統語レベルの表示は，語彙項目に与えられた選択制限に従って，語彙項目から投射されるものとするというものである。動詞が投射の原理の主な担い手であって，各動詞は項を何個とるか，それらの項にいかなる主題役割を与えるかという選択制限に関する情報をもっている。これが各統語レベルの表示として一貫して示されていなければならない。この原理にすべての

節 (clause) は主語をもたなければならないという条件が加わって，拡大投射の原理（extended projection principle：EPP）が出来ている。これを基礎に，主題理論と格理論を組み合わせて，文構成の基本原理を幅広く取り扱うことができる。

項には次のものが含まれる。

(ⅰ) 音形を持つ照応形（overt anaphors）
(ⅱ) 代名詞類（pronominals）
(ⅲ) 指示表現（R-expressions：指示対象を持つ名詞類）
(ⅳ) 各種の節

主題理論と格理論の依存関係は次のように捉えられている。「もし動詞に統御されているある名詞句に格が付与されていなければ，その動詞を主部とする動詞句は主題役割を付与しない」(Chomsky, 1981, p. 125 (24))。すなわち，動詞句が主題役割を与えるのは主語であるから，上の一般化は簡略して「ある動詞が目的語に格を与えないならば，その文の主語に主題役割が与えられない」ということになる。この主旨はBurzioが提起したもので，一般に「Burzioの一般化」と呼ばれている。

1.2.1.2. パラメータ

GB理論のもう1つの柱として，原理に付随したパラメータという考えがある。すなわち，1.2.1.1.節に上げた各原理には，それに付随するパラメータが与えられており，その値の取り方により，言語間に差が生じるというものである。

さらに（5）に上げた統語的特徴もパラメータとして働く。

(5) a. 構成的句構造の有無。[configurationality]（第2章2.2.節を参照）
　　b. 主部前置か否か。[head parameter]

c. 疑問詞移動が統語部門と論理形式部門の両方で起こるか，論理形式部門のみで起こるか。
　　d. 空主語（null subject）を許すかどうか。

1.2.2. 語彙範疇と機能範疇

　GB 理論において，語彙範疇（lexical category）と機能範疇（functional category）の区別が明らかに示された。
　語彙範疇には，それぞれが意味内容を持ち，一定の文法的役割を果たす動詞，形容詞，名詞，前置詞が語彙項目（lexical item）として所属する。これらは［±V］［±N］という素性の組み合わせによって分類される。［＋N，−V］＝名詞，［−N，＋V］＝動詞，［＋N，＋V］＝形容詞，［−N，−V］＝前置詞である。語彙範疇は多くの語彙項目を擁している。
　機能範疇には，補文標識（Comp：Complementizer），決定詞（Det：Determiner），冠詞（Article），指示詞（Demonstrative）などが属すが，それぞれの数はごく少数である。

1.3. 語彙部門

　PS 規則により生成された構造に語彙項目が挿入されて，はじめて深層構造が出来上がる。語彙項目をそれぞれに与えられた情報に適合した構造に挿入するためには，述語が項を何個必要とするか，それぞれの項にいかなる主題役割を与えるかという情報が各述語に備わっていなければならない。このような情報を「項構造」（argument structure）と呼ぶ。GB 理論では，統語構造の要の役割を果たす動詞の研究が進み，項構造の研究が大いに深化した。Grimshaw（1990）は英語の項構造に関する詳細な研究を代表するものである。
　他方，語彙項目の意味についての研究としては Pustejovsky（1995）がある。この研究では語彙項目の意味は固定した意味の集合ではなく，合成的（compositionally）に生成されると主張し，生成語彙論（gen-

erative lexicon）を展開している。

1.4. 形態部門

　深層構造を構成する語彙項目は抽象化された記号列，あるいは音韻素性群のような表示である可能性がある。それらを音韻記号に変換するのが形態部門の最初の任務である。そして音韻記号列が相接して生起した時に起こる変化を捉えた形態音韻規則の適用が次の仕事である。屈折接辞（inflectional affix）の付加によって起こる形態音韻変化をはじめとし，格付与によるもの，複数名詞の形態音韻変化などが主なものであるが，これらがどの段階で適用されるかについての研究にはHalle and Marantz（1993）がある。この研究では，このような形態音韻変化が一定の段階で起こるのではなく，分散して起こる可能性を示している。ただし，「男気」「弱気」，「弁護士」「勇士」の「気」「士」のような派生接辞の付与に伴う形態音韻変化は語彙部門で扱うものとする。（「男気」に見られる［ki］→［gi］への形態音韻変化は連濁と呼ばれている。）

1.5. 論理形式部門

　1.1.節のGB理論の枠組みの終端に位置する音韻形式および論理形式は，音と意味との接点に存在し，前者は音声解釈に必要な音韻情報を備え，後者は統語情報を基盤として意味解釈に必要な情報を備えている。論理形式（Logical Form：LF）という用語は，音韻形式と異なり，論理形式そのものを意味するのではなく，論理形式を扱う部門の意味で用いられる。本書では混乱を避けるために，これを日本語では論理形式部門と呼びLFと略す。

　LFの最も重要な役目は，量化子（quantifier）の作用域（scope）の決定である。統語論で論じた疑問詞も量化子の一種であるから，当然その作用域の問題はLFにおいて扱われる。量化子の作用域に関するMay（1977, 1985）は，この問題の研究に先導的役割を果たした。

　1.1.節では，格理論と密接な関係にあるために主題理論を統語論の中

に含めたが，そこでも断っておいたように，主題理論による主題付与はLFで行われる。1.2.1.1.節の束縛理論も統語論の原理と密接にかかわるので，1.2.節で取り上げたが，束縛理論が適用されて各項の指示関係（ほぼ一般の先行詞決定に当たる）が決まるのもLFにおいてである。

1.6. その他の注目点

Chomsky（1986）において，語彙範疇にも機能範疇にもX′式型の構造を与えた。すなわち，これまでのSをT（Tense）を主部とするTP（Tense Phrase）とし，S′をC（Complementizer）を主部とするCP（Complementizer Phrase）とした。そして，TPとCPは動詞，形容詞，名詞などの語彙類と同じく，指定部と補部を備えた構造を持つとしている。TPの指定部（Spec(ifier)）の位置は主語が占め，CPの指定部の位置は移動してきた疑問詞が占める。これによって指定部―主部の関係が保たれる。また，TPの補部は動詞句（VP），CPの補部はTPが占め，主部―補部の関係が成り立っている。

Marantz（1984）は文法関係と格表示の関係，文法関係の交替現象などについて，各種の言語資料を基にした詳細な研究である。

1.7. まとめ

以上述べたように，各動詞が必要とする項の種類と数が決まっており，それが統語部門の各レベルに投射される。そこで，動詞によって意味役割が与えられる項の位置を主題位置，意味役割を与えられない位置を非主題位置としている。主題が与えられない位置には実名詞句は生起できない。空主語の位置は正にこうした位置である。さらに，Fillmoreの格文法に由来する「一項には一主題役割のみ，一主題役割は一項にのみ与えられる」の原則が主題理論に組み込まれているから，例えば，直接受動文の派生において主題役割を与えられた目的語が，主題役割を持つ主語の位置に移動することは不可能である。したがって，受動形式「られ」の付加により動詞が格付与能力を奪われたために格が得られな

い目的語が，主題役割を持ちながら空主語の位置（時制辞句の空の指定部）に移動し，ここで主格を得る。このようにして，項の組み合わせを主題理論によって保証し，主語，目的語という文法関係を格理論により保証する仕組みである。翻って日本語について考えると，拡大標準理論で定式化された日本語の格付与規則（例えば，Kuroda (1978 a)）により格が与えられるとすると，原理とパラメータ理論における格理論は日本語には当てはまらないことになる。格理論が素性の一致を基にしている限り，主語と動詞の間の一致現象の見られない日本語の分析には，格理論は寄与しないと言わざるをえない。

2. 日本語分析からの貢献

先に述べたように，GB理論では移動変形規則（Move α）が中心的論題であった。そこで，移動変形規則を必要とする構造変化の少ない日本語生成文法からの貢献は少なかったかと問うてみると，その答えは「否」である。それは，この時期に日本語研究から注目すべき成果が発信されていたからである。それらは次の5点にまとめられるが，これらの多くは理論の検証のために日本語を用いるという受動的な方向ではなく，日本語からの独創的な理論構築への試みであった。

2.1. 機能範疇

Fukui (1986) は，機能範疇の有無をパラメータの1つと主張し，英語では，時制，補文標識，冠詞などの機能範疇が一対一の一致現象を司るのに対して，一致に関与する機能範疇を持たない日本語には，一対一の一致現象が見られないとしている。これによって，時制の一致，数の一致，疑問詞の文頭への必須移動，there, it などいわゆる虚辞（expletive）の使用など，英語で見られる諸現象が日本語では皆無であり，日本語に存在する多重主格文や，多重所有格文などが英語に存在しないことを説明している。

（6）a. 文明国が男性が平均寿命が短い。[多重主格文]

(久野 1973, p. 71)
　　　b. 山本先生の昨日の慶應大学での退職記念の講演［多重所有格文］

　これは，一致現象に重点を置いた「原理とパラメータ接近法」にたいする重要な主張であり，極小プログラムにおける日本語分析にたいしても重要な意味をもつ論点である。

2.2. 一致現象

　第2点はKuroda（1988）の主張である。これは，「言語には素性の一致を強制される（agreement forced）言語とそうではない（agreement non-forced）言語がある」という考えで，言語類型に関する重要な提案をしている。Kuroda（1988）によると，後者に属する日本語の主語は動詞句の指定部の位置に生起し，必ずしも時制辞句の指定部に引き上げられる必要がない。そして，時制辞句の指定部はかき混ぜられた要素の占める位置であるとしている（この点は一部 Miyagawa（2001）により継承されている）。

2.3. 構造格の付与

　第3点はTakezawa（1987）の分析である。これはGB理論の枠組みで日本語の主要構造の分析をしたものである。特に構造格の付与について，主格の「が」は時制辞句の指定部の位置で時制辞により，目的格の「を」は動詞の補部の位置で動詞により与えられる。原理とパラメータ接近法では，主格付与は主格付与者と主格の受け取り手のΦ素性（人称，数，姓）の一致により起動されるのであるが，Takezawa（1987）では統語形式上の一致現象のない日本語に同じメカニズムを当てはめている。この論文は，日本語の資料を用いてGB理論による仮説の検証を行った点でも注目される。

2.4. 日本語は構成的言語か

第4点は「構成的」という観点からの議論である。拡大標準理論の段階で，Hale (1980) によって構成的 (configurational) な言語とそうでない言語の区別が指摘され，日本語は非構成的言語の1つとされた。Saito & Hoji (1983) はこの議論にたいして，英語においては統語構造が構成的構造をもっているのにたいして，日本語ではLFで構成的原理が働いていると論じている。その証拠として，疑問詞がそれと同一物を指示する代名詞を飛び越えて左へ移動することにたいする制約であるPostalの（弱）交差現象は，英語では構成的統語構造により説明できるが，日本語ではLFでの移動によって弱交差現象が現われることから，この現象を説明するのに英語と同じく構成的統語構造を必要とすると論じている。そして，これを1つの有力な証拠として日本語も構成的言語であると主張している。

さらに，Hoji (1985) は，日本語は二枝分かれの構成的構造を持っていると主張している。すなわち，文は名詞句と動詞句に二枝分かれし，動詞句の内部も二枝分かれ構造の積み重ねであるとの仮定である。

2.5. 意味論

ここまでは，統語論に関する研究であるが，第5点は意味論に関するものである。

第2章では，移動変形への制約が日本語では必ずしもかかるとは限らないと結論づけたが，特に量化子のスコープ（作用の及ぶ範囲），中でも量化子の一種である疑問詞のスコープに関するNishigauchi (1990) の研究は，日本語にも普遍的制約が働いていること，しかし，その制約を免れる統語的メカニズムが働いていることを示したものである。

この研究は，疑問詞句を含む文の統語構造と意味を左右する局所性に関する原則は如何なるものか，量化子としての疑問詞句の性質はどのようなものかという問題に答える試みである。その意味で，この研究は生

成文法に則った日本語文法研究というよりも，言語理論にたいして，日本語研究からの発信という意義をもっている．その内容は3.3.節において概観する．

2.6. まとめ

　日本語研究は，GB 理論の段階では，狭い意味での統語操作にたいしては，大きな貢献がなかったかもしれないが，それを補完する意味で，2.節であげた諸研究および関連の研究は生成文法理論自体に対する貢献として高く評価できる．

3. 生成日本語文法の進展

3.1. 統語構造

3.1.1 Saito (1982)："Case Marking in Japanese, a Preliminary Study"

　日本語の生成文法に関しては，この時期に記述的な側面からの研究も大いに進んだ．拡大標準理論の段階で，Inoue (1978) が難易文の研究において後置詞句（固有格句）に付与される「が」（例えば，「その郵便局からが」）を取り上げたが，その資料を出発点に，Saito (1982) は (7) のように焦点を統語構造に組み込んだ．そして，焦点の「が」と主語の「が」にそれぞれ (8) の構造を与えている．

　　(7) 焦点 S → XP S (where X = [－V])
　　　　　　　　　[nom.]
　　(8) a. 焦点　　　　　　　　b. 主語
　　　　　　S_1　　　　　　　　　　S
　　　　　　／＼　　　　　　　　　／＼
　　　　FOCUS S_2　　　　　SUBJECT VP
　　　　[nom.]　　　　　　　　[nom.]

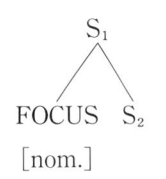

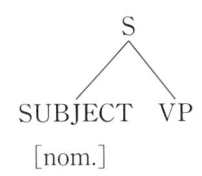

この文法では「が」は「受け手」(recipient) という主題役割をもつ固有格である。Saito は Kuroda と同様に「に」格をすべて固有格にしているので，Saito では構造格は「を」格のみとなる。そして，(8) の焦点生成規則は繰り返し適用される可能性があり，これによって多重主語を生成することが出来る。この分析は，後に極小プログラムの段階で捉え直されている (Miyagawa 2005, Ura 1996 など)。

3.1.2. Kuroda (1986)："Movement of Noun Phrases in Japanese"

他方，Kuroda (1986) は，(9 a) のような文の後置詞句に「が」を付与するのに (9 b) の空主語構造を設けている。

(9) a. 雅夫にとって（は）その郵便局からが小包を送り易い。
b. 雅夫にとって [e][雅夫 その郵便局から 小包 送り] やすい

[e] は主文に付加されたもので，付加を繰り返すことができる。これによって多重主語が生成される。この空主語の位置に後置詞句「その郵便局から」が移動し，この位置で「が」格が与えられて (9 a) が派生される。(この場合に，固有格「から」を無視して線状格付与規則が「が」を与える。) この空主語への移動は主語化によるものである。次に (9 a) は状態文であるから，状態述語の目的語に「が」格を付与するという一般的な規則により「小包が」ができる。これにより，(10) の多重主語文ができるのである。

(10) 雅夫にとってその郵便局からが小包が送り易い。

Kuroda によると，主語化は「状態述語を持つ文の表層の構成素を結果的に『大主語』にする規則である」としている (Kuroda 1986, p. 274)。「焦点」については，Saito と異なり Kuroda は「状態を表す主

文に生起する『が』格句は『焦点』として解釈される」(同，(42)) とし，統語構造として区別せずに，意味解釈の問題としている。

以上の主語，焦点，多重主語，格付与の問題は，多種類の言語の研究が進むにつれて，極小プログラムの重要課題になり，いわゆる自由語順現象を示す言語の1つとして，日本語からの問題提起が重要な意味を持つようになった。

3.2. 変形規則

「かき混ぜ規則 (scrambling) は変形規則か？」「かき混ぜ規則は音韻部門に属する文体変更規則ではないか？」「かき混ぜ規則は任意に適用される規則ではないか？」という疑問は古くから提起されてきた。それに対して Move α の1つとして議論を展開している Saito (1992) は，その考えが極小プログラムにも引き継がれる重要な研究である。

Saito (1992) は，かき混ぜ規則は移動変形規則であるという原田 (1977) の標準理論の段階での主張を支持して，いくつかの統語現象を証拠としてあげている。まず，Mahajan (1989) に従って，節内のかき混ぜと節の境界を越えてのかき混ぜを区別し，「節内かき混ぜ」「長距離かき混ぜ」と呼んだ。これらはいずれも最大投射（句）に言語要素を付加する変形と仮定している。Chomsky (1981) は付加変形を A′ 移動としているが，Saito はこの考えを一部踏襲している。節内かき混ぜの結果として，疑問詞移動のように「演算子と変項」という意味関係が生じないことに注目し，節内かき混ぜは A 移動であるとしている。その証拠として，弱交差 (weak cross-over) 現象がかき混ぜにより解消されることを示す吉村 (1989) の例を引用している。

(11) a. ?*[Masao-wa [$_{PP}$ Hanako-ga pro$_i$ yomumae-ni] [dono hon$_i$-o yonda]] no　　　　　　　　(弱交差)
　　b. 　Dono hon$_i$-o [Masao-wa [$_{PP}$ Hanako-ga e_i yomumae-ni][t_i yonda]] no　　　　　　(Saito (4))

(11 b) の括弧内の e は移動の痕跡ではなく，空代名詞（音形を持たない代名詞）である。そうすると，痕跡 t が代名詞を構成素統御していないので，(11 b) も弱交差を示し，非文になる筈である。(11 b) が適格な文と認められるのは，かき混ぜ変形の痕跡を束縛している「どの本を」が項の位置に移動しており，これが痕跡 t を項-束縛（A-bind）していると仮定して初めて説明できる。((11 b) では e を空代名詞とし，t を項-束縛の痕跡としているのである。)

さらに，(12) では照応形式である相互代用形式「お互い」を使って，節内かき混ぜが項-移動であるという仮説の証拠の1つにしている。

(12) [Karera$_i$-o [Masao-ga [[otagai$_i$-no sensei]-ni [t$_i$ syookaisita]]]] koto (Saito (14 a))

すなわち，「彼らを」が節内の項の位置に移動したと考えて初めて，照応形式「お互い」が統率範疇の中で束縛され，束縛原理（a）の「照応形式はそれの統率範疇内で束縛されている」に合致するのである。

他方，長距離かき混ぜの場合には，節内かき混ぜによる (11) のような文法性の回復が認められない。すなわち，(13 b) は，かき混ぜ変形が適用されているにもかかわらず，非文である。

(13) a. *[Masao-ga [otagai$_i$-no sensei]-ni [$_{CP}$ [$_{IP}$ Hanako-ga karera$_i$-o hihansita]to] itta](koto) (Saito (15 a))
  b. *[Karera$_i$-o [Masao-ga [otagai$_i$-no sensei]-ni [$_{CP}$ [$_{IP}$ [Hanako-ga t$_i$ hihansita] to] itta]](koto)

この現象を基に長距離かき混ぜは A′ 移動であると結論している。

かき混ぜ規則は単に音韻規則ではなく，移動変形規則であるという仮説は，以上の論考が示しているように，移動変形にかかわる各種の制約を受けていることから十分な支持を得ていると言える。

3.3. 意味論

　本節では意味論における日本語研究からの発信として，Nishigauchi (1990) における疑問詞に関する発想の中核と考えられる点を取り上げる。(Nishigauchi は WH‑phrase，WH‑Movement のように *wh* にたいして大文字表記を用いている。)

3.3.1. 疑問詞の特色
　疑問詞は単に「疑問」を表わす単語ではなく，同一文に現れる数量詞 (some, every) など，量化子と呼ばれる要素と密接に関係し，相互に作用しあう。その特色は次のとおりである。

(A) 疑問詞は量化子に特有の「作用域を持つ」という特色があることから，量化子と仮定してよい。さらに (14) に見られるように，一般の量化子と相互作用し，しかも相互作用の仕方も一般の量化子の場合と同じであることが，この仮定の根拠になる。

> (14) a. Who does every student admire?（who＞every student, every student＞who)　　　(Nishigauchi Chap. I (7))
> b. Every student admires some politician.（every＞some, some＞every)　　　　　　　　　　　　　(同 (10))

(14 a) では，疑問詞 who と量化子 every のどちらの作用域も広い解釈が成り立つ。すなわち，who が every よりも広い作用域を持つ場合には，「ある人物を総ての学生が尊敬している」という解釈が与えられ，every が広い場合には，「一人一人の学生がそれぞれ別の誰かを尊敬している」の意味になる。量化子を2つ持つ (14 b) においても同じく2つの解釈が成り立つ。
　また，疑問詞も量化子も，項の位置にある要素を演算子 (operator)

の位置に動かすという統語操作を行うという特徴を共有している。

(B) 疑問詞は同一文中で代用表現と同一指示の関係を持つ。

 (15) a. Which man$_i$ succeeded in selling his$_i$ car? （同（3））
    b. Who$_i$ is going to visit Kyoto? *I'm sure he$_i$ will enjoy it.
                 （同（4））

(C) 同一指示関係を保つには，表層構造での疑問詞の位置が代用表現を構成素統御していなければならない。

 (16) *Who dies his$_i$ mother admire t_i? （同（6））

(16) が不適格文とされるのは，who の痕跡である t が動詞 admire の目的語であり，主語の his mother を構成素統御出来ないからである。先にも述べたようにこれが弱交差現象である。

3.3.2. 疑問詞移動に関する英日語の比較

　疑問詞に関して，英日語の間に見られる顕著な差は，英語において疑問詞の節頭への移動が義務付けられており，日本語にはその制約がないことである。本節では，英語での疑問詞の節頭への移動がどの範囲で，どのように行われるかについて Nishigauchi (1990) の考察と，日英語の比較について述べる。

(A) 英語では複数の疑問詞が用いられる場合に，他を一方的に構成素統御している疑問詞が節頭の非項位置（A′ position）に移動しなければならない。(17) はその例である。

 (17) a. I wonder who gave what to whom.

b. *I wonder what who gave to whom.
　　　c. *I wonder whom who gave what to.

(Nishigauchi Chap. I (16))

(17 b) (17 c) は疑問詞補文から what や whom を抜き取ったために，いわゆる疑問詞の島 (Wh-Island) からの抜き取り違反を起こしているので適切な文ではないが，次の (17 d) (17 e) のように who を他の位置に動かしても，結果は同じか，あるいはさらに悪い文になる．

(17) d. *I wonder what gave who to whom.
　　　e. *I wonder to whom who what.

(B) 英語では Comp から Comp への移動によって疑問詞が限りなく深く埋め込まれた文から最上位の文頭に移動できるが，日本語では一文内での移動に概ね限られており，許されるのは，多くて 1 つの境界越えまでである．

(18) *誰$_i$にジョンは [[フレッドが t_i 会ったと] メアリーが思っていると] 言いましたか？

(Nishigauchi Chap. I (20) に t を加えた)

「誰に」はカッコが示すように文の境界を 2 つ越えて移動している．そのために不適格文とされる．

(C) 英語では疑問詞の作用域は疑問詞が移動した範囲であるが，日本語では「か」という疑問要素 (Q-element) の位置によって疑問詞の作用域が決まる．「か」は疑問詞の作用域を示す役割を果たすのである．

(19) a. 新聞は [誰が選ばれたか] 伝えていません．

(同 Chap. II（13））

    b．新聞は［誰が選ばれたと］伝えていますか？

(同 Chap. II（14））

(19 a) では，「か」が補文末に現れており，疑問詞「誰」の作用域は補文内に留まって，従属疑問文を作っている。これに対して，(19 b) では「か」が主文末に現れ，疑問詞の作用域が文末に及ぶために文全体が疑問文になっている。

3.3.3. 表層の現象

Nishigauchi（1990）が注目する表層現象の第 1 は，疑問詞移動は WH の島の条件に抵触するが，複合名詞句制約には抵触しないという現象である。(20 a) は前者，(20 b) は後者の例である。

  (20) a．田中君は［誰が何を食べたか］覚えていますか？

(Nishigauchi Chap. II（32））

        b．［$_{NP}$［$_S$ どの論文を書いた］人が］一番有名ですか？

(同 Chap. I（26））

英語では，疑問詞移動に関する制約は統語部門で働くが，日本語では統語操作としての疑問詞移動はない。しかし，同様な制約が LF で働くことを上記の例が示している。(20 a) では，従属疑問文「誰が何を食べたか」から「何」を抜き取り「何を食べたのが誰ですか？」の解釈はできない。WH の島の条件に抵触するからである。それに対して，(20 b) では，複合名詞句から「どの論文」を抜き取り文末の「か」まで領域を広げた疑問文としての解釈が成り立つ。

表層現象の第 2 は，疑問詞には焦点が置かれているが，それが強勢などにより強調されると WH の島の条件が破られるというものである。また，談話に繋げる可能性のある疑問詞の場合にも WH の島の条件は

働かない。

(21) a. Who remembers [where Mary bought what]?
(同 Chap. II (54))
b. Who remembers [where Mary bought which book]?
(同 Chap. II (55))

(21 a) では，what が広い作用域を持ち，「何をメアリーが買ったのを覚えていますか？」の解釈を与えることが難しいが，その what に強勢が置かれるとその解釈が可能になる。(21 b) では「どの本をメアリーが買ったのを誰が覚えていますか？」は自然な解釈である。「どの本」は先行の談話に出ている本の中の「どれ」という意味で，談話との繋がりを示すから，容易に WH の島の制約違反を乗り越えて適格な解釈を得ることになるのである。

Nishigauchi (1990) は上記の表層現象第 2 に対して，以下の仮説を立てる。

(A) 日本語の疑問詞は LF において，疑問要素「か」によって指定された領域を構成素統御する位置まで移動する。図 (22 a) から (22 b) の Comp の位置まで動くのである。

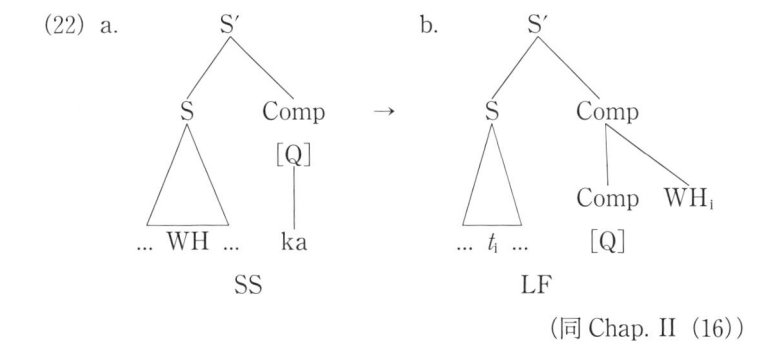

(22) a.
```
         S′
        /  \
       S    Comp
      /|    [Q]
     / |     |
  ... WH ... ka
         SS
```
→

b.
```
         S′
        /  \
       S    Comp
      /|   /   \
     / | Comp  WH_i
  ... t_i ... [Q]
         LF
```

(同 Chap. II (16))

このように，疑問詞は「か」によって統率されていなければならないのである。

(B) LF における疑問詞移動にも英語の統語移動と同じく，疑問詞の島の制約も複合名詞句の制約も働く。(20 b) で示した，一見複合名詞句制約を逃れているかに見える例にも，この制約がかかっていると仮定する。

次に，仮説 (A) (B) を踏まえて，複合名詞句制約を避ける仕組みを提案している。(23 a) は複合名詞句制約を免れている例で，(23 b) はその分析を示したものである。

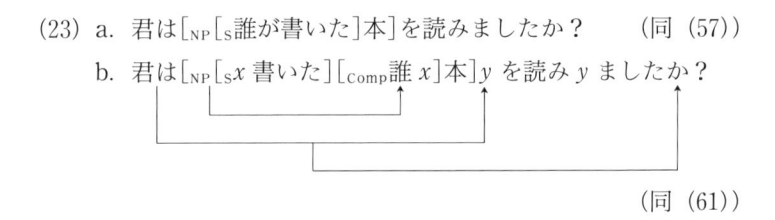

(23) a. 君は[_NP[_S誰が書いた]本]を読みましたか？　　　（同 (57)）
　　　b. 君は[_NP[_S x 書いた][_Comp 誰 x]本]y を読み y ましたか？

（同 (61)）

(23 b) において先ず，「誰」が Comp の位置に移動すると複合名詞句全体が疑問詞としての素性（WH-素性）を得る。ただし，主名詞（この場合は「本」）が特定の指示性を持たない総称名詞でなければならない。下記の (24) では特定の物を指示する「この本」が用いられているために，この文は非文になるのである。このように疑問詞移動により複合名詞句全体に疑問素性が与えられることを，疑問詞に引きずられた操作 (Pied Piping) と呼んでいる。

(24) *君は誰が書いたこの本を読みましたか？　　　（同 (59)）

このようにして，複合名詞句全体が疑問素性を持ち文末の「か」に統率され疑問文としての解釈が成り立つのである。ここで注目すべきこと

は，疑問詞「誰」の移動が複合名詞句内で行われ，その境界を出ないことにより，複合名詞句制約を逃れるという点である．(24) のように主名詞が「この本」のような定名詞句であるとこの制約が働くことから，複合名詞句の制約を逃れるためには主名詞にも量化子としての素性が必要だということになる．

表層現象第2に関して，談話に繋げて解釈できる疑問詞の場合には，疑問詞移動は関与せず，したがって移動にたいする制約とは無関係である．談話に繋げる解釈は，(25) のように WH と「か」に与えられた同一指示標識による．

(25) ... WH_i ... $[_{comp[+Q]} ka]_i$

結論として，移動によるか同一指示標識を与えるかの選択は，言語に普遍的に備わっており，一方のみ，あるいは両方を選択する可能性がある．

3.4. まとめ

GB 理論の段階で，生成日本語文法研究からの理論に対する積極的な発信は少なくない．したがって，ここで理論構築に貢献した点に注目しておく必要がある．統語論においては，まず Kuroda (1988) の「一致が強制される言語とそうではない言語」という基準を示したことは，極小プログラムにおいて Miyagawa (2001) により理論の中心に据えられる概念として定式化された．次に，Saito (1982, 1985) は「かき混ぜ規則」を移動変形規則の1つであるとし，項-移動と非項-移動の区別を明らかにした．これも Miyagawa (2001) の極小プログラムでの定式化に寄与した研究成果である．さらに，Saito (1982) において，焦点を統語構造に組み入れ，「一致優位の言語か，焦点優位の言語か」という Miyagawa の問題提起の契機を作っている．

意味論においては，Nishigauchi (1990) の疑問詞の作用域の研究が

注目される。その中で極小プログラムへの橋渡しとして注目される論点の1つは，Pied Piping 分析（この場合は「疑問詞に引きずられた」複合名詞句全体の疑問詞化）である。「談話への繋がり」(D-linking) という考えは，Pesetsky (1987) を踏襲した考えではあるが，Nishigauchi (1990) でも有効に用いられている。すなわち，疑問詞の作用域の解釈にも談話を視点に入れることが必要であるということは，焦点および話題（Topic）の問題と共に，単一の文にたいする文法では扱えず，談話に依存する課題が少なくないことを示している。この課題の解決は，CP および論理形式部門で談話が如何に扱われるかにかかっている。その意味で極小プログラムへの大きな課題を明示しており，この点も GB 理論からの言語理論への貢献として数えることができる。

第 4 章　極小プログラム

1. 理論の基盤転換

　1980 年代末には原理とパラメータの研究が隆盛を極め，言語獲得についても，パラメータ値決定の時期やプロセスの研究が進み，多くの成果が出された。それらは理論の検証にかなりの役割を果たした。ここでアメリカ学派が提起した 3 つの e，すなわち 'elegance'（洗練度），'exhaustiveness'（網羅性），'economy'（経済性）という基準によって，その成果を評価してみよう。まず 'elegance' という基準は，理論として「均整が取れており，洗練されているかどうか」を問うものである。この点は評価が難しいが，一定の組織立った定式化が行われていることを基準とするならば，生成文法はこの条件を十分に満たしたと言えよう。'exhaustiveness' については，生成文法はアメリカ学派とは正反対の立場を取った。すなわち資料を全部平均的に扱うのではなく，理論の構築と実証に必要な資料はできるだけ利用するが，無関係と考えられる資料には目を向けることはなかった。最後の最も重要な基準である 'economy' については，これまでの言語理論は最も簡潔な文法を構築する努力を払ってきたと言っても過言ではない。しかし，極小プログラム (Minimalist Program) ほど簡潔性を究極まで追求したものはなかった。極小プログラムは「言語は音と意味を繋ぐ仕組みとして最適か」(Is language perfect?) という Chomsky によって提起された問題が起

爆剤になって発展してきたものである。

　原理とパラメータ接近法では，言語分析のために，深層構造，表層構造，論理形式，音韻構造という数種のレベルを設け，統語構造型の一般化のためのXバー理論を採用し，構成素統御（c-command），統率（government）などの理論上の構成物を設定し，各種の原理とパラメータを仮定するなど，最適の仕組みとは言いがたい複雑さを擁していた。そこで，言語は音声と意味とのインターフェイス（接点）に課せられる条件を満たすに足るだけの最小限の仕組みを持つものとの仮定に立って，Chomsky (1993, 1995) は極小プログラムという研究方向を公にした。それゆえ，各種の言語現象の説明のために積み重ねられてきた上記のような仕組みをほとんど全部廃することになった。その結果，極小プログラムで，これまで重要な研究対象とされてきた現象を如何に扱うかが現在では重要な研究課題となっている。このような状況の中で理論は必ずしも定着の方向に向かっているとは言えない状況であるが，以下に極小プログラムの中核的概念とこのプログラムの枠組みについて述べる。

2. 極小プログラムの中核的概念

　1.節において述べたとおり，極小プログラムは音声と意味とのインターフェイスに課せられる条件を満たすに足るだけの最小限の仕組みを持つものとの仮定に立っている。インターフェイスに課せられる条件とは，音声とのインターフェイスにある音韻形式（Phonological Form：PF）は音として認識できるように表示されていなければならないし，意味とのインターフェイスにある論理形式（Logical Form：LF）は，意味解釈ができるように表示されていなければならないというものである。音韻形式も論理形式も「解釈可能性」（interpretability）という条件を背負っているからである。（音韻形式については，本書の守備範囲を超えるので，本書では取り上げない。極小プログラムでは「部門」と

いう概念は存在しない。したがって，論理形式は意味解釈の基礎になる表示形式であって部門名ではない。)

　LF（論理形式）の表示には形式素性（formal feature）を用いる。そして形式素性（以下では素性と略す）には解釈可能なものと解釈不可能なものがある。

　統語操作（専門用語では「演算」）には，結合（merge）と移動（move）の2つがあって，これらが繰り返し適用されて句構造が生成される。結合には，たとえばAとBを結合してできた構造にXという標識を与えるか，あるいは結合の結果できた構造にAまたはBのいずれかを新しい構造標識として付けるかという選択がある。

　従来の統語構造生成はS（文）を始発記号として，大きな構造からより小さな構造へと細分化していくものであった。すなわち「上から下へ」と構造を分割していた。以下に示すのは英語と日本語の語順を用いたこれまでの句構造規則である。（日本語は主部が補部の後ろにくるから，(1 d) のT，(1 f) のVは右端に現れている。)

（1）a. S → NP T VP 　　b. NP → Det N 　　c. VP → V NP
　　　　　　　　　　　　　　　　　　　　　　　　　　（英語）
　　　d. S → NP VP T 　　e. NP → Det N 　　f. VP → NP V
　　　　　　　　　　　　　　　　　　　　　　　　　　（日本語）

　　（S：文，NP：名詞句，N：名詞，T：時制辞，VP：動詞句　Det：決定詞，V：動詞）

　他方，結合の場合，「下から上へ」構造を積み上げていくのである。まず，(1 c) のVとNPが結合しVPという標識を得て (2 a) ができ，(1 b) のDetとNが結合し，それに標識としてNPが与えられて (2 b) ができる。

（2）a.　　VP　　　　　b.　　NP
　　　　／＼　　　　　　　　／＼
　　　 V　　NP　　　　　　Det　 N

(1a) の主語の NP は，X バー式型に従って V により投射された vP の指定部に生成される。それに従うと，（3）の構造ができる。

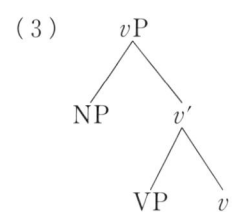

（3）　　vP
　　　／＼
　　 NP　v'
　　　　／＼
　　　VP　v

次に主部として T が選ばれて，vP と結合して T′ ができ，それが指定部の NP と結合して TP（時制辞句）ができあがる。

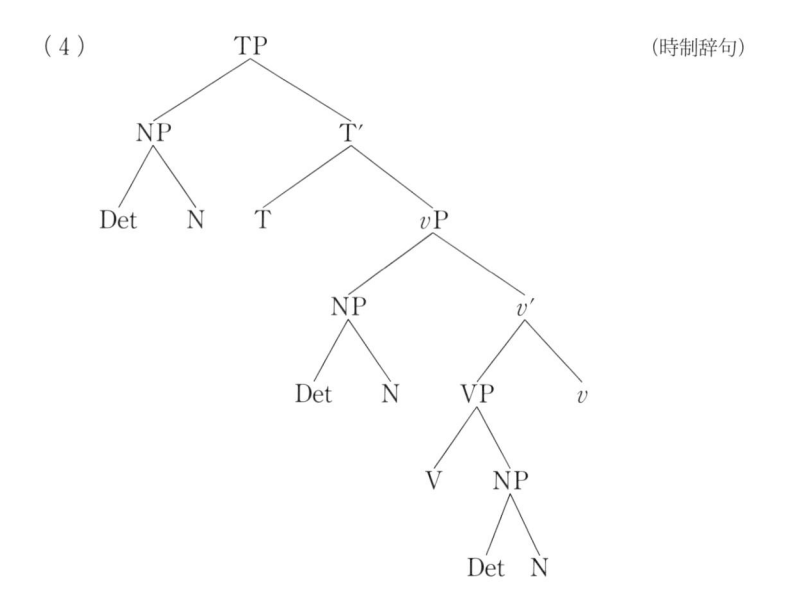

（4）　　　　TP　　　　　　　　　　　　（時制辞句）
　　　　　／＼
　　　　NP　　T′
　　　／＼　／＼
　　 Det N T　 vP
　　　　　　　　／＼
　　　　　　　NP　 v'
　　　　　　／＼　／＼
　　　　 Det N VP　 v
　　　　　　　　／＼
　　　　　　　 V　 NP
　　　　　　　　　／＼
　　　　　　　　Det　N

第 4 章　極小プログラム

　さらに，(1) では示さなかった C（補文標識）が TP と結合し，C を主部とする CP（補文標識句）が投射される。

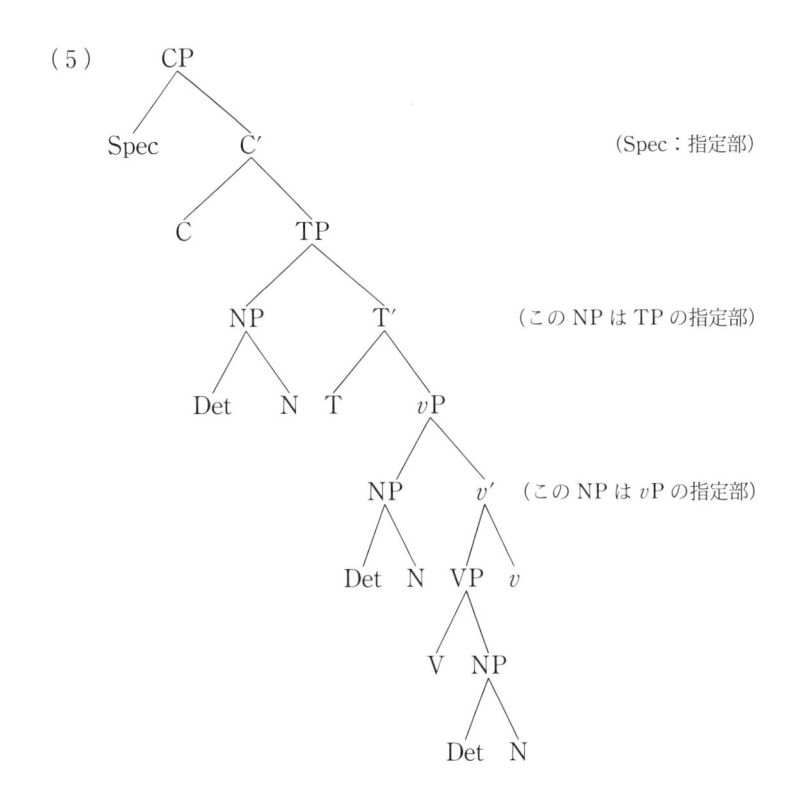

(5)
```
              CP
            /    \
         Spec    C'                    (Spec：指定部)
               /   \
              C    TP
                  /   \
                 NP    T'              (この NP は TP の指定部)
                /  \   / \
              Det   N  T  vP
                          / \
                         NP  v'         (この NP は vP の指定部)
                        / \  / \
                      Det N VP  v
                            / \
                           V   NP
                              / \
                            Det  N
```

　(5) の構造の中で，CP と vP を統語構造の主要な単位として相 (phase) と呼んでいる。そして，外部から相に影響を及ぼすことが出来るのは相の指定部と主部のみとしている。これを「相の不可侵性」(phase inpenetrability) という。

　移動については，任意の移動は認めず，解釈不可能な素性を取り除いて論理形式 (LF) の表示を解釈可能な素性のみにするという条件を満たすためのものと位置づけられている。たとえば，名詞句に与えられている「数，性，人称」という素性は意味解釈の基になる素性である。そ

れにたいして，英語などのように時制辞が主語と数・人称において一致しなければならない言語では，時制辞も「数」「人称」の素性を持っていなければならない。この場合の「数」と「人称」は意味解釈には全く関与しないもの，すなわち解釈不可能なものである。そこで素性の照合と素性の一致によって解釈不可能な素性を取り除くことが重要な意味をもってくる。

（6）は素性の照合の仕組みを示したものである。

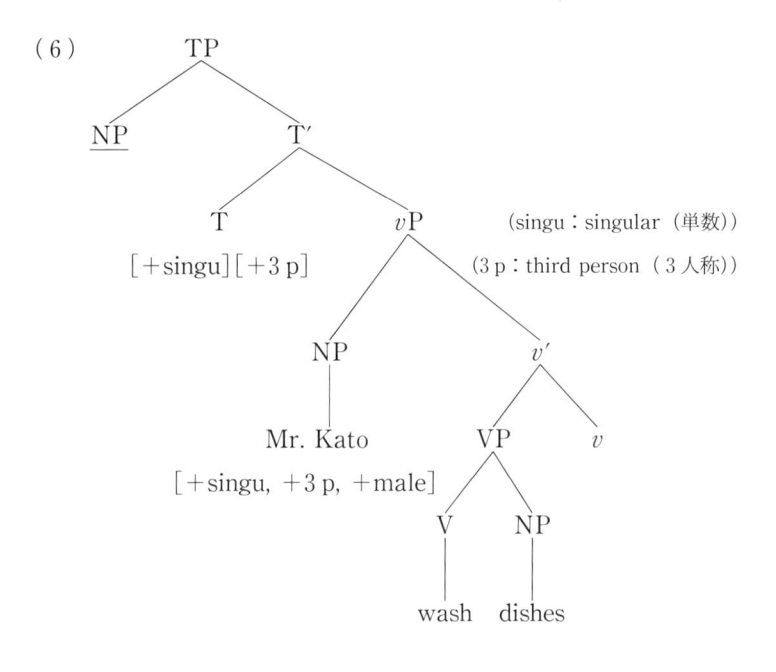

(6)

```
              TP
            /    \
          NP      T'
                 /  \
                T    vP
         [+singu][+3p] / \
                     NP   v'
                     |   / \
                  Mr. Kato VP  v
               [+singu,+3p,+male] / \
                                V   NP
                                |   |
                              wash dishes
```

(singu：singular（単数））
(3 p：third person（3人称））

　Mr. Kato は他動詞構造 vP の指定部に生成されたものであるが，T との素性照合のために TP の指定部（（6）の最上位の下線を施した NP の占めている位置）に移動する。そして，T に与えられている [+singu]（[+単数]）および [+3 p]（[+3人称]）と照合され，これらの値（ここでは+）が一致しているので T の解釈不可能な素性を消去することができる。これによってこの文の LF は解釈可能な素性のみか

ら構成されることになる。その結果この派生は適格となり，この統語操作は無事に収束する。

3. 極小プログラムの枠組み

2.節で述べた結合と移動の統語操作を繰り返して生成された記号列に「書き出し」(spell-out) という操作を加えて音韻素性の記号列を音韻部門に送り，形態素性の記号列を論理形式部門に送る。これを図式化すると（7）になる。

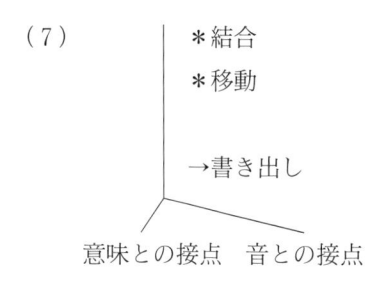

(7)　　　｜＊結合
　　　　　｜＊移動
　　　　　｜
　　　　　｜→書き出し
　　　　　｜_____
　　　意味との接点　音との接点

（＊は繰り返し適用されることを意味する。）

意味との接点を「概念-意図の接点」(the conceptual-intentional (C-I) interface)，音との接点を「調音-知覚の接点」(the articulatory-perceptual (A-P) interface) と呼ぶ。

4. 自由語順の言語研究

原理とパラメータ理論の下では，それぞれの仮説を各種の言語の分析によって検証しなければならなかった。そこで，ロマンス語をはじめ，各種の言語の研究が盛んになり豊かな成果が出ていた。その中で日本語研究に大きなインパクトを与えたのは，ハンガリー語，ギリシャ語など自由語順をもつ言語の研究である。本節では，先ず，統語構造生成に重要な役割を果たすEPP（拡大投射原理）について確認したうえで，「自

由語順」を持つ言語の研究として Kiss（2002, 2003）と Bouchard (2001) を取り上げ，第5節では極小プログラムに立脚する日本語研究として，Miyagawa (2001, 2005) による EPP を中心に，一致素性照合と焦点素性照合の仕組みを用いた研究，およびこれに対立する考えについて述べる。これに関連して，主語の位置の問題をも重要課題として取り上げる。第6節では，CP 領域が日本語の（特に主文の）分析において果たす重要な役割について考察する。

4.1. EPP の本質と拡大解釈

ここで，第3章1.2.1.1.節で取り上げた拡大投射の原理（EPP）について確認しておこう。投射の原理というのは，「各統語レベルの表示は，語彙項目に与えられた選択制限に従って，語彙項目から投射される」というものである。これに「すべての節は主語を持たなければならない」という条件が加わったものが拡大投射の原理である。これを拡張して，EPP を素性として時制辞句（TP）の主部である時制辞（T）と補文標識句（CP）の主部の補文標識（C）に与え，これによって文中の要素をそれぞれの指定部，すなわち TP-Spec，CP-Spec の位置に移動させるという統語操作を駆動させるという仮説が出てきた。

4.2. Kiss（2002, 2003）

Kiss（2002, 2003）は，数量詞のスコープや弱交差現象の欠如，主語と言われるものが動詞の前後に生起し，動詞の後ろの位置では主語と目的語の位置が固定していないことなどを証拠として，主語が目的語にたいして優位な位置に立つことがないことを示し，ハンガリー語は非構成的 (non-configurational) な言語であるとする。そして，VP の外の位置（VP の指定部の位置）は動詞の項ならばどれでも占めることができるし，この位置は空であってもよいと主張している（Kiss, 2002）。これは，ハンガリー語は，統語構造の固定した位置に主語や目的語が現われる言語ではない，すなわち自由語順の言語であるという意味である。

4.3. Bouchard（2001）

　Bouchard（2001）は「構成的」という問題を異なる観点から論考している．すなわち，言語が意味関係を記号化するのに以下の4通りのやり方があるとする．

　　（8）a. 並立（juxtaposition）：AとBは時系列に従い，互いに隣り合って統語的姉妹関係を作り出す．
　　　　 b. かぶせ配列（superimposition）：英語では肯定，疑問，感嘆を表わし，音調言語においては語彙の意味や文法関係を表わすイントネーションのように，Aにかぶせる修正としてBが作用する．
　　　　 c. Aにたいする標識付け：項にたいする格付与のように，機能要素（functor）Bがそれの依存する（dependent）要素Aに印（標識）を与える．
　　　　 d. Bにたいする標識付け：抱合的な（polysynthetic）言語の述語にたいする標識付けのように，機能要素Bに標識を付ける．

　日本語は（8c）に属し，文法関係を示すのに固定した統語位置を与えず，格標識を用いる．しかも日本語は動詞を文末に置き，埋め込みの深いものから順に積み重ねる．この点を念頭にBouchardは言語処理（parsing）の観点から，格助詞を頼りに左から順に動詞との項関係を決定していく．まず，格助詞をもつ名詞句の列にたいして，パーサーは各動詞に関連づけられる名詞句の下位集合（文法機能パケット）を探す．文法機能パケットには，「同一格標識を1つ以上含んではならない」（「一文一格の制約」）という制約がかかっている．

　　（9）ジョンがビルにメアリーがそれを持っていると言った（こと）

(Bouchard（6 a））

（9）ではまず,「ジョンが」が1つのパケットを開き,「ビルに」をその中に包み込む。次に「メアリーが」が新しいパケットを開き「それを」をその中にいれる。さらに,「持っている」に出会って,「メアリーがそれを」がこれに帰属すると認定し,「メアリーがそれを持っている」を1つの単位としてこのパケットを閉じる。最後にこの単位と「ジョンがビルに」を「言った」に帰属させて,この文の処理を終わる。このように, 構造とは無関係に格助詞によって文構成が決まることから, 非構成的な日本語の特徴を示している。

4.4．Alexiadou & Anagnostopoulou（2001）

　Alexiadou & Anagnostopoulou（以下 A & A）(2001) は, 自由語順の言語のみならず, 固定語順の言語, 例えば英語やフランス語においても動詞の後ろに主語が現われる構造があることを指摘し,「元位置の主語」という一般化（the Subject-in-Situ generalization）を提案している。(10 a, b) は英語の引用文, (10 c, d) は文頭の場所句や方向辞によって引き起こされる主語後置の例である。これらの例において, 前置詞句を除いて, 主語以外の項が引用文などの後ろに現われないことに注目したものである。

(10) a. "I am very busy now," said my sister.
　　　b. "We must leave here as soon as possible," declared all the attendants to the chairman.
　　　c. On the top of the hill stands a huge statue.
　　　d. Away flew off the little bird.
(11) 元位置の主語の一般化：音韻素性の書き出し（spell-out）の時点では, 動詞句の中にチェックされていない素性を残している項が2つ以上存在してはならない。

A & A（2001）は時制辞 T が EPP 素性と格素性（Case feature）を持っていて，EPP 素性によって1つの項が時制辞句の指定部に移動し，その項の格素性がチェックされた場合に，格素性がチェックされていない項は1つしか動詞句の中に残ることが出来ないとしている。これは，格素性のチェックを受けるのは主格と目的格のみという意味である。そして，時制辞句において格素性のチェックが行われるのは主格でも目的格でもよい。すなわち，英語などでは，時制辞によってチェックされるのは主格のみであるが，自由語順の言語では主格でも目的語でも，この位置を占めて格素性のチェックを受けることが出来る。

5. 極小プログラムにおける日本語研究

5.1. Miyagawa（2001）

Miyagawa（2001）は，Chomsky（1973）において任意に適用される音韻規則の一種とされ，Saito（1982）において移動規則として扱われたかき混ぜ規則を，時制辞に付された EPP 素性によって義務的に駆動される移動変形としている。そして，Saito に倣ってこれを A 移動と A′ 移動の2つの変形規則に分けている。A′ 移動は，節の境界を越えてのかき混ぜ規則の適用によるものである。A 移動は同一節内でのかき混ぜであるが，主語，目的語のみならず後置詞句まで EPP 素性によって時制辞の指定部の位置に移動できるとしている。主語以外の句がかき混ぜられた場合には，主語は A & A（2001）の「元位置の主語」になるわけである。この仮説を支持する証拠として，Miyagawa は数量詞を含む主語は否定辞にたいして常に広いスコープを持ち，数量詞を含む目的語が時制辞の指定部に EPP により引き上げられた場合には，目的語は否定辞にたいして広・狭両方のスコープを取りうることを挙げている。

(12) a. 全員がそのテストを受けなかった（よ/と思う）

(全＞否，*否＞全)

b. そのテストを全員が受けなかった（よ/と思う）

(全＞否，否＞全)

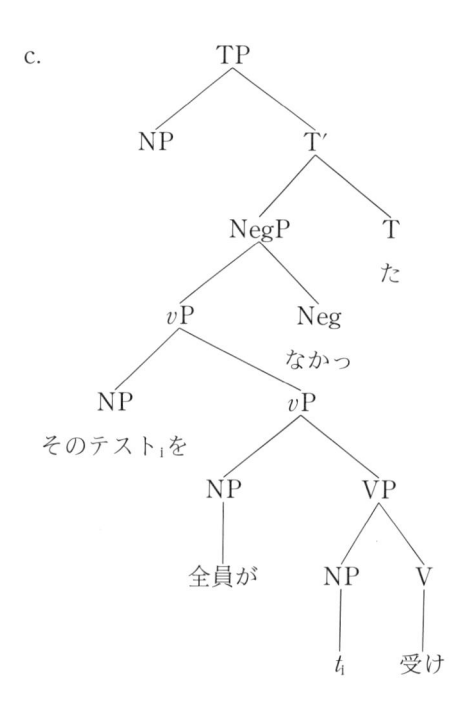

c.
```
                TP
               /  \
             NP    T′
                  /  \
               NegP   T
                /  \   た
              vP   Neg
              /  \  なかっ
            NP    vP
       そのテストᵢを  /  \
                 NP   VP
                 |   /  \
               全員が NP  V
                    |   |
                    tᵢ  受け
```

（12 a）では，EPP により主語の「全員が」が時制辞の指定部に上がり，否定辞よりも相対的位置が高くなったために主語は広いスコープのみをもつ。(12 b) では，目的語の「そのテストを」が上がり，主語が元位置に留まり，主語が否定辞よりも低い位置にある。そのために主語の「全員が」が狭いスコープを取りうる，すなわち（否＞全）の解釈が成り立ちうるとしている。この場合に（全＞否）の解釈も成り立つことに Miyagawa は触れていないが，Inoue (2005) ではこの問題の解決を試みている。その主旨に従うと，次の派生が可能になる。まず，「そのテストを」がかき混ぜ規則により（12 c）に示すように vP に付加され

る。

　(12 c) において「そのテストを」を時制辞句の指定部の位置に繰り上げると「全員が」が否定辞の作用域に入り，「否＞全」の解釈が出来る。他方，「そのテストを」をTPに付加し，「全員が」を時制辞句の指定部に引き繰り上げると「全＞否」の解釈になる。

　Miyagawa (2001) でも，(12 c) と同様に目的語（この場合「そのテストを」）を vP に付加することを提案している。この付加は極小プログラムで仮定されている「端素性」(edge feature) によるものとされている。

　さらに，Miyagawa は *wh*-後置詞句も時制辞の指定部に上がることが出来，同様のスコープの広・狭の解釈が成り立つとしている。ただし，*wh*-後置詞句のみならず一般の後置詞句にもこの可能性がある。

　(13) どこのディスコで全員が踊らなかったの。（全＞否，否＞全）

(13) に関しても，「どこのディスコで」を時制時の指定部に繰り上げ，「全員が」を vP 内の位置に残すと「否＞全」になり，「どこのディスコで」をTPに付加するかCPに引き上げ「全員が」を時制時の指定部に繰り上げると「全＞否」の解釈が出来る。

5.2. Miyagawa (2005)

　Li ＆ Thompson (1976) は世界の言語を「主語優位」(Subject-Prominent)，「話題優位」(Topic‐Prominent)，「主語・話題優位」(Subject-Prominent and Topic-Prominent)，「主語・話題非優位」(Neither Subject-Prominent nor Topic-Prominent) の4つの型式に分け，日本語は「主語・話題優位」の言語であるとしている。

　Miyagawa (2005) は，この考えを極小プログラムの枠の中に採用し，「焦点優位」(Focus‐Prominent)，「一致優位」(Agreement‐Prominent) という2つの素性による言語の分類を提案している。(14)

に示すように，Cが持つ「焦点」と「一致」の素性の中で前者がTに下がったものが「焦点優位」の言語，後者がTに下がったものが「一致優位」の言語である。日本語は前者，英語は後者である。

(14) a. Focus：

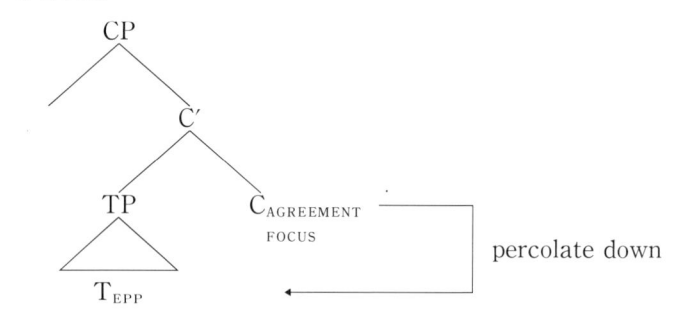

```
        CP
       /  \
          C'
         /  \
        TP   C_AGREEMENT
        /\       FOCUS
       T_EPP
```
percolate down

b. Agreement：

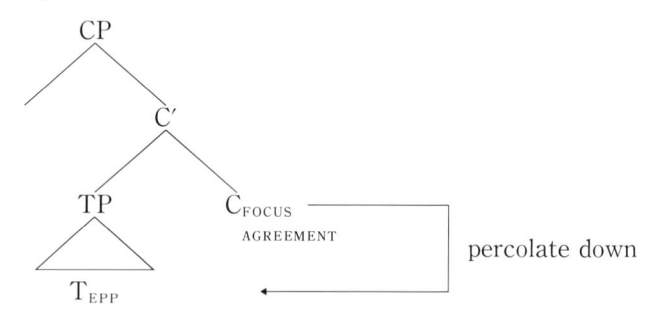

```
        CP
       /  \
          C'
         /  \
        TP   C_FOCUS
        /\     AGREEMENT
       T_EPP
```
percolate down

　この文法では，優位にある素性，すなわち焦点優位の言語では焦点素性，一致優位の言語では一致素性が時制辞（T）に与えられているが，それと同じ一致素性を持つ要素が時制辞句の指定部（TP-Spec）に引き上げられて，時制辞のEPPを満たし，素性の照合が行われる。優位ではない素性，すなわち前者では一致素性，後者では焦点素性はCに留まっており，これと同じ素性を持つ要素が補文標識句の指定部（CP-Spec）に引き上げられて素性の照合が行われる。
　具体的には，英語は一致優位の言語であるから，Tに与えられてい

るΦ素性と一致するΦ素性を持つ名詞句が，TのEPPによりTPの指定部に引き上げられてTの素性と照合され，それに伴って主格という格素性も照合されて主語として認定される。また英語は，焦点優位ではないため，焦点の素性を持つ*wh-*要素はCPに引き上げられなければならない。日本語は焦点優位の言語であるから，焦点素性をもつ*wh-*要素はEPPを満たすためにTPの指定部に引き上げられてその位置にとどまるか，あるいは焦点素性がTと*wh-*要素の間で一致すれば元の位置に留まったままでもよいとされている。いずれにしても，CPに引き上げられることはない。他方，総記の意味をもつ「が」格主語は，TPの指定部からさらにCPに引き上げられることになる。そのためには何らかの一致素性を仮定しなければならないが，Miyagawa（2005）ではその点には触れていない。

　次に問題になるのは，話題の「は」を持つ文と，いわゆる現象文など，すなわち談話の前提を持たず文全体が新しい情報を伝達する文である。以上の問題になる文の例を（15）に示す。

　　　(15) a. 課長は只今出張中です。　　　　　　　　　（話題文）
　　　　　 b. 加藤さんが委員長です。　　　　　　　　　（総記文）
　　　　　 c. 加藤さんが昨日突然訪ねてきました。　　　（中立叙述文）
　　　　　 d. 学童の列に軽トラックが突っ込んできた。　（現象文）

　Miyagawa（2005）では論じられていないが，これらの文の分析には，CPの内部構造を捉えておかなければならない。
　この方向での研究としては，1990年代中頃からRizziとCinqueが統語構造を地図のように詳細に記述する試みとして提案した「カートグラフィーによる接近法」(cartographic approach)によるものが注目される。下記（16a）はこの考えに沿ったRizzi（2004）の具体的な提案である。(16a)では，CPを構成する主部のみを示している。Rizzi（1997）は，Xバー式型に従った句構造を示している。その形式を用い

て，(16 a) を修正したものが (16 b) である。

(16) a. Force Top* Int Top* Focus Mod* Top* Fin IP　　(Rizzi (41))
　　 b. ForceP TopP* Int　TopP* FocP ModP*　　TopP* FinP　　IP
　　　　文のタイプ 主題　　何故　　　焦点　前置された副詞類　　　定形/非定形
　　　　(ForceP：Force　Phrase（発話力句），TopP：Topic　Phrase（話題句），
　　　　Int：Interrogative（上位疑問要素「何故」），FocP：Focus Phrase（焦点
　　　　句），ModP：Modifier Phrase（修飾句），FinP：Finite Phrase（定形句），
　　　　IP：Inflectional Phrase＝TP（Tense Phrase）。IP は CP との接点領域。
　　　　＊：複数個現われる可能性を示す。)

(15 a) の話題文は，CP に TopP があり，これに何らかの一致素性が与えられており，この素性を持つ句が TopP-Spec（話題句の指定部）の位置に引き上げられることになる。名詞句，副詞句は一般にこの一致素性を持っているものとする。(15 b) の「総記」は，元来「焦点」の意味を持つのであるが，これは Miyagawa の「焦点」と異なり，「総ての中でこれだけ」という「総記」の意味を持つ。「焦点」も一致素性の1つとして CP の FocP（焦点句）の主部に与えられているものとする。そこで FocP-Spec（焦点句の指定部）の位置に同じ一致素性を持つ名詞句が引き上げられて，一致素性が照合される。これが「総記」の「が」格主語である。(15 c) の中立叙述文は，Miyagawa の枠組みでの焦点素性により時制時の指定部（TP-Spec）に引き上げられたものである。(15 d) はいわゆる現象文であって，他の3文と異なり，主題―説述（theme-rheme）の関係をもたない文である。また，第2章2.4.節では Kuroda（1982）で扱われた言語の「事実を示す」(categorical judgment) 用法と「話者の状態を表現する」(thetic judgment) 用法について述べたが，後者の「話者の状態を表現する」文も，明らかに主題―説述の関係を表わさないものである。これらは，EPP を必須要素とする Miyagawa の仮定では説明できない現象である。本書では，こ

れらの文にたいしては，主語が時制辞の指定部に引き上げられず，vP 内に留まっていると仮定している。5.5.節でこの仮定について検討する。

以上のように，「焦点優位と一致優位」という2分法とEPPによる主語の位置の確定という操作では解決できない問題が残っているのである。

Miyagawa (2005) はEPPをTとCの必須要素とし，これを満たすことを義務付けている。さらに，日本語は焦点と前提による文構成を主とする言語であると主張し，かつ英語と同じ仕組みで主語を認定するという手続きを取っている。そのために，上に述べたように，日本語の重要構文である話題文も現象文なども扱えていない。また，時制辞句の指定部を何らかの要素で埋めなければならない，つまり英語の主語にある程度対応する主語を必要とするという主張には反論が少なくない。そこで，以下ではまず主語優位言語を基に仮定されたEPPの問題点をKiss (2002) から引用し，Kissのハンガリー語の分析と並行する井上 (1998) の分析を紹介する。次に「EPPは日本語の時制辞の必須素性か？」という論題について述べる。

5.3. 標準的EPPにたいする反論

標準的EPPは，4.1.節で述べた定義に従うものと考える。すなわち，「各統語レベルの表示は，語彙項目に与えられた選択制限に従って，語彙項目から投射される」という投射の原理に「すべての節は主語を持たなければならない」という条件が加わったものを拡大投射原理 (Extended Projection Principle：EPP) とする。Miyagawa (2001) では，これをさらに拡張して，EPPを必須の素性として時制辞句 (TP) の主部である時制辞 (T) と補文標識句 (CP) の主部の補文標識 (C) に与え，これによって文中の要素をそれぞれの指定部，すなわちTP-Spec, CP-Specの位置に移動させるという統語操作を駆動させると考えている。

この標準的 EPP にたいする反論として，5.3.1.節から5.3.4.節において Kiss（2002），および「主格主語を持たない文」（Inoue, 1998），「『から』格主語」（Ueda, 2002），「受動文中の慣用句の目的語」（藤巻 2005）を取り上げる。

5.3.1. Kiss（2002）

主語優位言語を基にたてられた標準的 EPP では，外項（external argument）は賓述（predication）の論理的主語と文法主語との2つの役割を果たすことになる。しかし，Kiss（2002）は，論理的主語の役割は話題優位の言語では「文は賓述の主語すなわち話題を持たなければならない」という条件に置き換えることが必要であると述べ，これを EPP 1 としている。

　(17) 賓述を表わす文は話題を持たなければならない。

次に Kiss は，この種の言語では EPP 2 として（18）も必要であるとしている。

　(18) 述語の項の中で主語としての表示を持つ項が1つはなければならない。

さらに，主語は，極小プログラムで仮定されているように，時制辞による格照合という統語的操作によって確立するものではなく，各動詞語彙記載の一部としてその項の中で主語になる項が示されているものと主張している。そして受動化，使役化などという文法機能変更の統語操作はなく，受動接辞，使役接辞など派生接辞が格吸収を行ったり，項を加えたりすると述べている。これは正に日本語と同じ状況を示したもので，第2章の2.5.節で述べた語彙文法に通じる考えである。

5.3.2. 主格名詞句を持たない文

井上（1998）は主格名詞句を持たない文を4種類に分けて考察している。

(19) a. 政府から財団に援助金を送った。
b. 血液センターで血液型シールをお張りします。
c. 親友さえ彼を裏切った。
d. 人生って（人生は）常に自分を探す旅みたいなものでしょう。

これらの文の「から，で，さえ，は，（って）」を伴う名詞句は，有生名詞句である限り，再帰形式の先行詞になることができるし，主語に対する尊敬表現を引き出すなど，主語としての機能を果たしている。このような文では，Kuroda (1988) での主張のように主語位置は空であると考えられる。(19 a, b) は元位置の主語，(19 c) は CP の FocP（焦点句）を形成する要素の一種である限界詞（delimiter）に隠された主格名詞句，(19 d) は話題化された主語を持つ文である。これらを見ると，Miyagawa (2005) で時制辞に与えられている EPP を，少なくとも必須素性ではなく任意素性とするか，この EPP による引き上げを任意移動とするかという問題が起こる。

5.3.3. 「から」格主語

Ueda (2002) は使役文の補文に現れる「から」格主語が vP 内に存在することを立証する試みである。

(20) a. 太郎は [{ゆっくりと/*幸いに} 私からメアリーに彼女の病状を説明] させた。
b. 誰も$_i$ が [{*彼ら$_i$ が/彼ら$_i$ から} 太郎を叱る] と言った。
c. 誰かがどの手紙も送っておいて下さい。(some＞every,

　　　　　*every/ some)
　　c′. 誰かからどの手紙も送っておいてください。(some＞
　　　　every, every/some)

　　　　　　　　　　　　　　　　　　　（以上，Ueda 2002）
　　d. {加藤さんが/??加藤さんから} 自分自身を卑下しているのだ。
　　e. {加藤先生が/?加藤先生から} ご自分のご著書を紹介なさった。

　(20 a) は「から」格主語文が文副詞（幸いに）を取れず，動詞修飾副詞句を取ることから，これが vP 内に存在することが分かる。(20 b) では「が」格主語が「誰も」に束縛されている代名詞と解釈されない。すなわち，「彼らが」が「誰も」の構成員と解釈されない。それに対して，「から」格主語にはこの解釈が可能である。これは，「から」格主語（「彼らから」）が項としての資格を持つがゆえに「誰も」に束縛された代名詞と解釈できるからであると考えられる。これに対し，「が」格主語は非項（A′）の性格を持つから束縛代名詞として機能することができないのである。(20 c, c′) は，「が」格主語が vP の外にあるために，目的語がそれよりも広いスコープを持ち得ないが，「から」格主語は vP 内にあるために主語は目的語にたいして広いスコープも狭いスコープも持ちうること，また，(20 d, e) は主語認定に使われる再帰形式の先行詞，主語にたいする尊敬表現の可能性に関して，「が」格主語はこれらの可能性を持つが，「から」格主語にはこの可能性が「が」格主語ほど高くないことを示している。

　以上は，「から」格主語文に関する限り，EPP は満たされない。したがって，Miyagawa の主張である，T に必須素性として EPP が与えられ，これが必ず満たされなければならないという考えは成り立たない。

5.3.4. 受動文中の慣用句の目的語

藤巻（2005）は，受動化によって慣用句の目的語に「が」を与えた場合に，元の位置に留まらなければならない現象を捉えて，日本語の元位置の主語の可能性を主張している。いずれも EPP を義務的に機能させている Miyagawa に対する有効な反論である。

(21) a.　太郎がその事件に口を出した。
　　 b.　太郎によってその事件に口が出された。
　　 c.　*太郎によって口がその事件に出された。

5.4. 主語の位置

主語の位置に関しては，Cardinaletti（2004）に普遍文法の観点から示唆に富む提案が示されている。日本語では，一般に動詞の後ろに現われるのは終助詞のみである。「昨日銀座へ行ったのですか，あなたも」に見られるように，名詞句，後置詞句などが右方転移規則により動詞の後ろに現われることがあるが，右方に転移されている要素は別の文に属すると考えられる。他方，英語，フランス語，イタリア語などでは動詞の後ろに主語が生起することは珍しくない。4.4.節で取り上げた引用句や場所句，方向辞によって動詞の後ろに主語が後置される A & A (2001) の元位置の主語の現象は，英語，フランス語，イタリア語などに広く見られる現象である。Cardinaletti はそれに加えて，動詞の前に主語位置が2つあると主張している。1つは意味上の主語（SubjP：Subject Phrase）で，「賓述の主語」（subject of predication）という素性の照合を行うもの，もう1つは照合主語（AgrSP）で，照合を行う文法主語：主格の決定辞句（DP：Determiner Phrase）のΦ素性（性，数，人称）の照合を行う主語である。英語にも2種の主語が存在する。he, she, they など強代名詞と呼ばれるものは一般の DP と同じく SubjP として現われる。（ただし，この位置には弱代名詞 it, there も現われうる。）他方，弱代名詞が現われうるのは AgrSP に限られてい

る。(22) は英語の例である。

(22) a. John/He (as you know) is a nice guy.
b. It　　　(*as you know) costs too much ／ is expensive.
c. It　　　(*as you know) rained the whole day.
d. There　　(*as you know) was a man in the garden.

　as you know のように文全体にたいするコメントは SubjP に続き，AgrSP である弱代名詞には続くことができない。
　ここで EPP と密接な関係を持つ主語の位置について確認しておこう。

5.4.1. 日本語の主語の位置
　これまで EPP の観点から主語に関する記述を行ってきたが，これらをまとめると，日本語の主語の標準的な位置は次のようになる。

(23) a. VP の補部　　　　　　　　　　　　　(cf. 藤巻の考察)
b. vP の指定部
　　　　　　　(cf. Ueda の「『から』格主語」に関する考察)
c. TP の指定部
　(cf. 例文 (20 c)，主語が否定辞よりも広いスコープを持つ場合)
d. CP の指定部に属する焦点句，話題句
　　　　　(総記を表わす（焦点）主語と話題としての主語)

5.4.2. ハンガリー語の主語の位置
　(23) のまとめを Kiss (2002) の主語位置と比較すると，(24) の VP 内の主語は，日本語では TP または vP の指定部の主語と対応することが明らかになる。

(24) Subject positions in Hungarian (Kiss 2002)

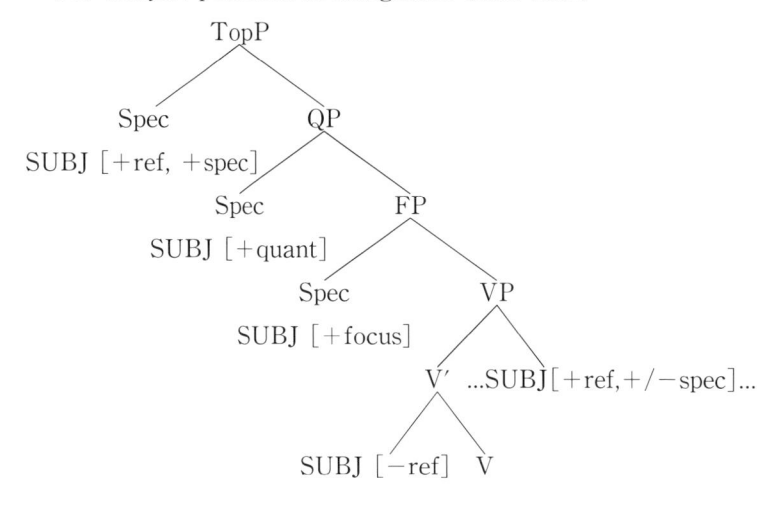

```
                TopP
              /      \
           Spec       QP
      SUBJ[+ref,+spec] / \
                   Spec   FP
              SUBJ[+quant] / \
                       Spec   VP
                  SUBJ[+focus] / \
                             V'   ...SUBJ[+ref,+/−spec]...
                            /  \
                      SUBJ[−ref] V
```

(24) においては，TopP（Topic Phrase：話題句），QP（Quantifier Phrase：量化子句），FP（Focus Phrase：焦点句）の指定部をも SUBJ（主語）の位置としている。さらに，(24) に関して興味深いことは，ハンガリー語においては，V′ 内の主語は指示性を持たず（[−ref]），VP に引き上げられて初めて指示性がプラスになり（[+ref]），特定であれ不特定であれ特定性（[±Specific]）の素性が与えられて，具体的な物や人を指すことができるという点である。

V′ に支配される SUBJ［−ref］は，主語と動詞による慣用句，たとえば「受取人払い」などの主語と考えることができる。

5.4.3. 多重主語文

下記の (25 a) は久野 (1973) で紹介された多重主語文の有名な例である。

(25) a. 文明国が男性が平均寿命が短い。
　　 b. 文明国の男性の平均寿命が短い。

久野によると，(25 a) は (25 b) から主語化変形によって派生される。しかし，一般には多重主語は，文に付加された付加詞であると考えられている。(25 a) では，「文明国が」と「男性が」が付加詞で「平均寿命」だけが主語である。

　Saito (1982) は，多重主語は基底構造で生成されると主張している。そして，文に対して繰り返し適用される (26 a) の付加詞生成のメカニズムに則り，(26 b) を仮定して多重主語文を生成している。

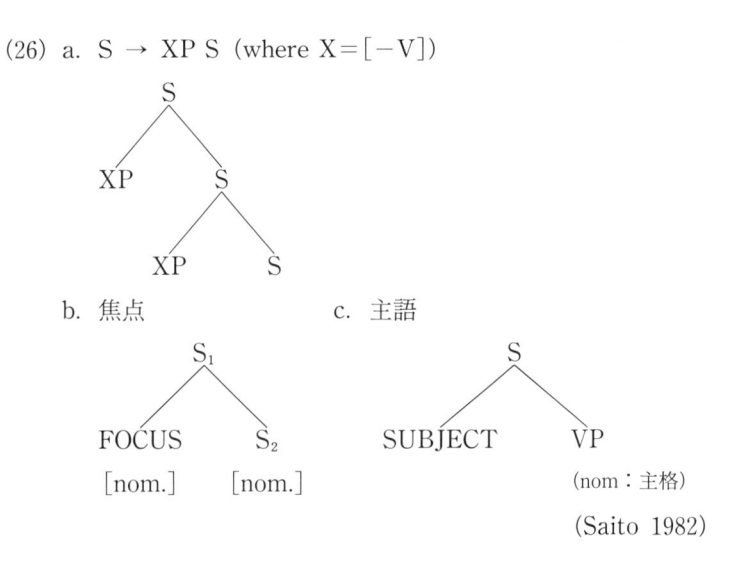

(26) a. S → XP S (where X＝[－V])

```
           S
          / \
         XP  S
            / \
           XP  S
```

b. 焦点

```
        S₁
       /  \
   FOCUS   S₂
   [nom.]  [nom.]
```

c. 主語

```
        S
       / \
   SUBJECT VP
```

(nom：主格)

(Saito 1982)

Saito (1982) は，(26 b) に示すように多重主語を焦点とし，(26 c) の主語と区別しているのである。(26 a) では，X＝[－V] により，XP の位置に動詞以外の語彙範疇（名詞句，後置詞句，形容詞句）が付加されることを示している。

　Kuroda (1986) も多重主語文の基底構造には付加詞を重ねた構造を仮定しているが，多重主語は空の付加詞の位置に名詞句や「から」「で」などの後置詞を伴う後置詞句などが移動したものとしている。

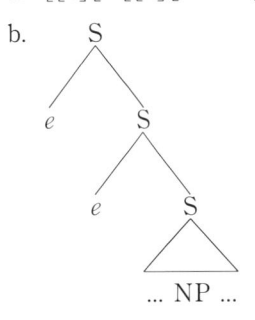

(27) a. $[[e][\ldots[[e][\ldots\mathrm{NP}\ldots]_S]_S\ldots]_S]_S$

b.
```
          S
         / \
        e   S
           / \
          e   S
             /_\
          ... NP ...
```

Kurodaの主張を忠実に表わすには，(27) には名詞句のみならず，後置詞句（Postpositional Phrase：PP）も入れておかなければならない。

Saito が多重主語を焦点としているのに対し，Kuroda は状態述語文の主語に意味解釈によって焦点の読みが与えられるとしている。

これらの文に現われる「が」については，Saito は固有格助詞とし，Kuroda は線状格付与規則によって与えられる格であるとしている。（Kuroda は線状格付与を構造格付与と考えていないようである。）

これらの考えに反論するのは，三原（1990）である。三原は多重主語といわれる「が」格名詞句は，そもそも主語ではなく主格であるとする。したがって，三原はこれらを多重主格文と呼ぶ。三原も多重主格句は付加詞として基底構造に生成されるとしているが，「が」格はそれに続く文と aboutness（「…について言えば」という意味）の関係を示すもので，構造格付与ではなく，aboutness 関係によって認可されるものとしている。

他方，Marantz (1991) は，この種の「が」格こそデフォルトの格であって，構造格も固有格も与えられない時に与えられる格とする。

5.4.4. 与格主語

(28) a. <u>加藤さんには</u>こんなむずかしい図表が分かる。

b. <u>宏には</u>この字が読めない。

これらの与格主語は，主格主語と同様に，再帰形式の先行詞にもなるし，主語にたいする尊敬表現の対象にもなる。この2つの主語認定基準は必ずしも適格ではないかもしれないが（三原 1990），主格主語と同じ振る舞いをすることは確かである。先に述べたように，この種の「に」格を，Saito (1982) は固有格とし，Kuroda (1986) も補文主語に与えられる固有格としている。Inoue (2000) では能格付与規則による構造格としている。いずれにしても，この種の文の「に」格と「が」格については，極小プログラムでも取り上げられている（5.7.2.節で取り上げる Ura 1996 を参照）。

5.4.5.　EPP は必須要素か

　5.3.2.節から 5.3.4.節にかけて，日本語からの資料を挙げ，それらには EPP は必須素性でないと仮定しなければ説明がつかないとした。しかし，事実はそう簡単ではない。

　まず，Miyagawa (2005) の枠組みで C に与えられた EPP によって CP-Spec（補文標識句の指定部）に話題が引き上げられるとする。これによって「話題―評言」(topic-comment) の関係が成り立つ。同じく EPP によって TP-Spec（時制辞句の指定部）に引き上げられた主語は「主題―説述」(theme-rheme) の関係を作り，時制辞によって「主語―賓述」(subject-predicate) の関係ができる。このように考えると，EPP は文の賓述 (predication) を担う重要な役割を果たすものとなる。もしすべての文が賓述という機能を果たすのならば，EPP が必須素性であるという仮説が根拠を得る。

　しかし，前述のように EPP を必須素性としては困る例がある。「が」格主語を持たない文，「から」格主語文などである。これらの文については，「主語―賓述」の関係を作らないという仮説を如何に検証するかという問題と，これらの文の主語と述部の関係を如何に捉えるかという問題があるが，これらは今後の解決にゆだねることにする。

　5.2.節で触れた現象文については，5.2.節の (14) で示した Miyagawaの枠組みを用いて一応説明することができる。すなわち，(14a)で示しているように，日本語は焦点優位の言語であるから焦点素性の照合のために主語がTP-Specの位置に引き上げられるとする分析である。第5章では，情報構造の関連で現象文には焦点がないことを説明するが，Miyagawa（2005）の考えを採用すると，現象文では焦点素性の照合ができないからTP-Specへの引き上げが起こらず，現象文の主語は元位置にとどまり，「主題―説述」の関係を表わさないということになる。

これまでの論考では，主格主語を持たない文や「から」格主語文について，主語が時制辞句の指定部（TP-Spec）の位置にEPPによって引き上げられていないと仮定した。現象文については，標準的現象文に現れる「る」形は原形（root form）で，未完了時制辞の「る」ではなく，したがって時制辞句の主部Tの位置には上がらず，述語の原形語尾としてvP内に留まっていると仮定する。

以下に現象文および話し手の感覚などを直接表出する感覚文を分析することによって，この仮定の根拠を示す。

5.5. 現象文と話し手の状態を表わす文

話し手の状態を表わす文は，「寂しい」「暑い」「疲れた」など，話し手の現在の状態を表わす。話し手である1人称を主語とするが，主語を表出しない。述語は心理動詞と感覚動詞が主として用いられる。これらの文を感覚文と呼ぶことにする。

他方，現象文は，話し手の現象にたいする直接的な知覚を表わす。したがって，1人称，2人称主語は許容せず，3人称主語のみを取る。

これら2種類の文は，話し手の発話内容に対する判断，すなわち「断定」「推量」（Kurodaのcategorical judgment）を表わす文とは本質的に異なるもので，前節で述べたように「主題―説述」関係を表わさない。

5.5.1. 現象文などの分析

5.4.5.節で，現象文の主語はEPPに駆動されて時制辞句の指定部に移動しないという分析を提案した。それは，vPの指定部に留まっているということであるが，その補部であるVPはどのような役割を果たすのであろうか。

本書では，VPは現象の直接的な表出を行うと仮定する。すると，心理動詞や感覚動詞がその主部として現われれば，話し手の感覚や知覚を表わし，一般の述語が使われれば，話し手が知覚する現象を表わすということになる。また，話し手の状態を表わす句はVPに留まり，これらの文ではvPへの投射は行われていないものと仮定する。

仮説1：感覚文はVPに留まり，vPへの投射は行わない。
仮説2：現象文はvPへの投射を行い，vP内に留まる。

仮説1によって，感覚文に1人称主語が現われないことに説明がつく。この種の文の述語がTPの主部Tに引き上げられた段階でもTPの指定部には主語が存在せず空であると予測する。事実「疲れた」「寂しい」「楽しい」，「寂しかった」「楽しかった」などの時制文はできるが，この段階でも主語は一般に現われない。それでは，「私は疲れた」のような1人称主語は何処から来るのであろうか。結論として，本書では，この場合の「私は」は対照を表わし，5.2.節の（16b）で示したCPの領域のFocP（焦点句）として現われるとする。後にとり上げる長谷川（2008）では，1人称主語は基底で生成されており，CPの機能範疇であるモーダル句（Modal Phrase：ModP）の指定部に現われた場合に省略可能であるとしている。本書とは逆の主張である。

仮説2は，現象文は話し手の直接知覚する客観的現象を表わすものであり，3人称主語を必要とするという事実を扱うためのものである。これには根拠となる現象がいくつかある。

現象1：現象文の時制は一般の時制の解釈と異なる独自のものである。

　ここで，日本語の時制の解釈について概説しておこう。原則的には，「る」形（現在時制）は未完了，「た」形は完了を表わす。したがって，「る」形は状態述語では現在の状態を表わし，非状態述語，特に動作動詞では習慣，未来の動作を表わす。

　(29) a. 今日は天気がよい。　　　　　　　　　　　（現在の状態）
　　　　b. 加藤さんはいつも遅くまで仕事をする。　　　　（習慣）
　　　　c. 学生達は明日体育祭のプログラムを決める。　　（未来）

「た」形は，状態述語では過去の状態，非状態述語では過去または現在完了，過去完了を表わす。

　(30) a. 昨日は気温が低かった。　　　　　　　　　（過去の状態）
　　　　b. 学生たちは，8時に研究室を出た。　　　　　　（過去）
　　　　c. ようやく学園祭の後始末が終わった。　　　　（現在完了）
　　　　d. 研究室を出た学生は，事務室に立ち寄った。　（過去完了）

(30 d) では，「出た」が「立ち寄った」時には既に完了していた（過去完了）ことを表わしている。
　さて，上記の「る」形にたいする一般的な時の解釈が次例(31)では成り立たず，「る」形が主文の時と同時と解釈される。それに対して，(32)は一般的な解釈が与えられる文である。

　(31) 私は，野鳥が巣を作るのを見た。
　(32) 会議に出席するために，私は9時に家を出た。

(32) では、「会議に出席する」のは「家を出た」時点で未完了の、すなわちこの時点での未来の動作を表わし、「家を出た」時と同時の解釈は与えられない。それにたいして、(31) には、「見ている時に動作が行われている」という同時としての解釈のみが可能であって、「習慣的に巣を作る」「これから巣を作る」という解釈は与えられない。(33) の各文の下線部にも同時の解釈のみが与えられる。

> (33) a. 子供たちは、隣で金属を擦る（擦っている）音に悩まされた。
> b. 消防士は、燃え盛る（燃え盛っている）火のなかに飛び込んで、家族を助けてくれた。
> c. 小沢氏の指揮する（指揮している）有様をテレビで見て、感動した。
> d. 私は、隣で秋刀魚を焼く（焼いている）においに悩まされた。

上記 (33) a-d の各文の埋め込み文は現象文である。仮説2の「話し手の直接知覚する客観的現象を表わす」という主張は、これらの文が「音」「有様」「におい」などの感覚表現を用い、しかも主文の動詞も「見る」「悩む」「感動する」などの知覚や感覚を表わすものであることによって根拠を得る。さらに、主文の時との同時性についても、TP への引き上げが起こっていないとする仮説1を支持するものである。すなわちこれらの文に現れる「る」形は動詞の原形（root form）と考え、この「る」形語尾を持つ述語は状態述語と同じく現在の時を表わすとするのである。

　以上見たように、現象文と感覚文は、EPP を時制辞句の主部 T の必須素性とする仮定に真っ向から対立する現象を呈している。その上に時制辞の必須要素としての存在をも脅かすものである。それではこれらの文は、如何にして独立文として成立するのであろうか。

5.5.2. 独立文としての現象文

一般に定時制（finite tense）を持つ定形文（finite sentence）が独立文と認められてきた。そこで時制辞を持たない現象文などが如何にして独立文として認められるのかという問題が起こる。これにはCP領域が深く関わっているので6.3.3.節においてこの問題を取り上げる。

5.6. 形態論

原理とパラメータ接近法の進展と共に，この時期の後期から形態変化を音韻論の一部とした従来の考えを脱して，統語論と密接に関わる形態論が台頭し始めた。Marantz（1991）も文法の標準モデルとして（34）を提案している。

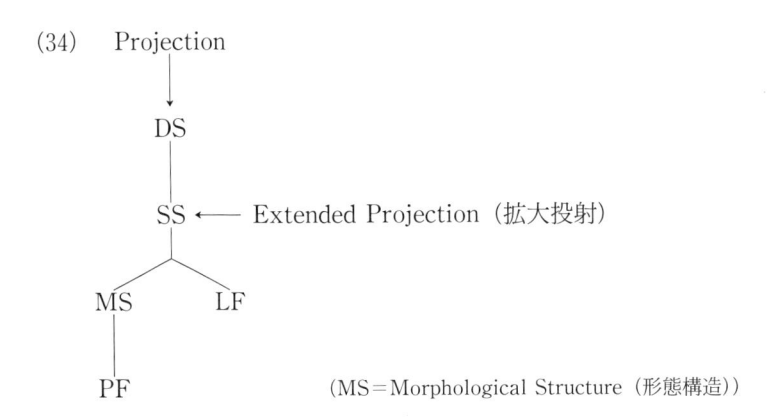

(34)　Projection
　　　　　↓
　　　　　DS
　　　　　│
　　　　　SS ←── Extended Projection（拡大投射）
　　　　 ╱ ╲
　　　　MS　LF
　　　　│
　　　　PF　　　　（MS＝Morphological Structure（形態構造））

原理とパラメータ接近法の下での投射の原理や主題理論に触発され，さらには形態部門を音韻部門から独立させる提案も出され，意味論を踏まえた形態論研究の目覚しい進展が見られた。Grimshaw（1990）の項構造の研究の他にも，この線での英語の動詞の研究が進んだ。Jackendoff（1972）は，動詞の意味を語彙概念構造として定式化し，主題役割もこの構造から必然的に導き出されるようにした。Pustejovskyの事象構造・特質構造の研究は，語の意味が文脈に応じて合成的に創出される

とする生成語彙論（generative lexicon）を展開している。これらの研究は，日本語の形態論研究にも大きな影響を及ぼし，日本語研究もこの線で独自の研究が進んだ。そして，影山（1993）を代表とする日本語動詞の分析や複合語形成の研究など，日本語からの提言が力を増してきた。

5.7. 日本語研究の見直し

革新的なミニマリストの主張を受け，種々の言語研究の成果を用いてその主張を検証する活動が活発になるにつれて，日本語もその一環として取り上げられることが多くなった。日本語母語話者の研究として注目されるのは，Koizumi (1998)，Ura (1996, 1999)，Watanabe (1996)などである。理論が激しく変わる中で，従来から日本語研究の重要課題であった，例えば多重主語文，与格主語（dative subject）文，「に-使役文」「を-使役文」などについて，格の照合の観点から種々の提案が出されている。特に，1つの機能範疇が複数の同一格の照合を行ったり（多重主語文），1つの機能範疇が異なる複数の格素性照合を行ったり（与格主語文）する仕組みや，「を-使役文」の受動化の問題を扱うための枠組み等が提案されている。もちろん，これらの中に日本語研究からの独自の提案には注目すべきものがあるであろうが，原理とパラメータ接近法から受け継ぎ，余分な装置を廃する方向にある極小プログラムの立場からこれらを見直す必要がある。以下では Koizumi（1998）と Ura（1999）を取り上げ，極小プログラムでの日本語分析を例示し，その問題点を探る（Watanabe の論点は Ura に継承されているものが多いので，ここでは取り上げない）。

5.7.1. Koizumi (1998)

極小プログラムでは，格は格付与規則で与えるのではなく，主格ならば主語名詞句と時制辞に与えられた主格素性の照合という形を取る。目的語の場合には，目的語名詞句と動詞に与えられた対格素性が照合され

るのである。これらの照合のために，一致句（agreement phrase）を設け，その主部に，照合を求める時制辞あるいは動詞（probe）が移動し，照合される名詞句（goal）がその指定部に動く。極小プログラムに移行するにつれて，一致句の存在が認められなくなったので，Koizumi (1998) の日本語文法における不可視的（invisible）な一致句という仮説は存在価値を失ったが，これまでの研究において目的格の一致についての研究が進んでいない点を補っており，扱っている資料も興味深いものである。（次に上げる資料 (37) (38) は Tada (1992) によるものとされている。）

(35) a. ジョンは肉だけを食べ過ぎた。(only＞overdo, overdo＞only)　　　　　　　　　　　　　　　　　（繰り上げ文）
b. ジョンはいろいろ食べたが，肉だけを食べ過ぎた。
　　　　　　　　　　（only＞overdo）（Koizumi (9)）
c. ジョンは他の物を食べずに，肉だけを食べることをし過ぎた。　　　　　　　　　　　　　　（overdo＞only）
(36) a. ジョンはりんごだけを食べ忘れた。
　　　　　　　　　　（only＞forget, *forget＞only）
　　　　　　　　　　　　（コントロール文）（同 (11)）
b. ジョンはいろいろ食べたが，りんごだけ食べるのを忘れて食べなかった。　　　　　　（only＞forget）
d. *ジョンは他のことはしたが，りんごを食べることだけ忘れた。　　　　　　　　　　　（*forget＞only）
(37) a. ジョンが右目だけをつむれる。
　　　　　　　　　　　（can＞only, ?*only＞can）
　　　　　　　　　　　　　　（可能文）（同 (25 a)）
b. ジョンが右目だけをつむることが出来る。　（can＞only）
c. *ジョンがつむることが出来るのは右目だけだ。
　　　　　　　　　　　　　　　　　　　　（*only＞can）

(38) a.　ジョンが右目だけがつむれる。(*can＞only, only＞can)
　　　　　　　　　　　　　　　　　　　　（可能文）（同 (25 b)）
　　 b. *ジョンが右目だけをつむることが出来る。(*can＞only)
　　 c.　ジョンがつむることが出来るのは右目だけだ。
　　　　　　　　　　　　　　　　　　　　　　　(only＞can)

　Koizumi では，(35) の繰り上げ文では目的語「肉だけ」が「過ぎる」にたいして広いスコープも狭いスコープをも取ることができるが，(36) のコントロール文では目的語は広いスコープしか取れないことを示している。(37)(38) の可能文もコントロール文であるが，(37) では［を］格目的語が狭いスコープしか取れない。他方 (38) の［が］格目的語は広いスコープのみを許す。

　Koizumi は，これらのスコープの違いを説明するには，日本語にも隠れた一致句（AgrO Phrase）を仮定しなければならないとして，主格一致句（AgrS）と目的格一致句（AgrO）を仮定し，(35) の繰り上げ文には (35′)，(36) のコントロール文には (36′) の構造を与えている。

(35′)　V_2＝繰り上げ

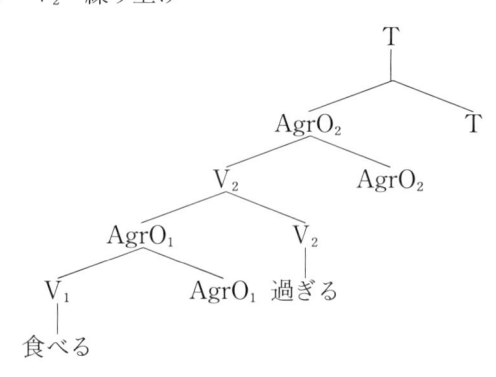

```
              T
             / \
         AgrO₂   T
         /   \
        V₂    AgrO₂
       /  \
    AgrO₁   V₂
    /  \    |
   V₁  AgrO₁ 過ぎる
   |
  食べる
```

(表記：T の下に AgrO$_2$ と T、AgrO$_2$ の下に V$_2$ と AgrO$_2$、V$_2$ の下に AgrO$_1$ と V$_2$、AgrO$_1$ の下に V$_1$ と AgrO$_1$、V$_1$ の下に「食べる」、右側 V$_2$ の下に「過ぎる」)

(36′)　V_2＝コントロール

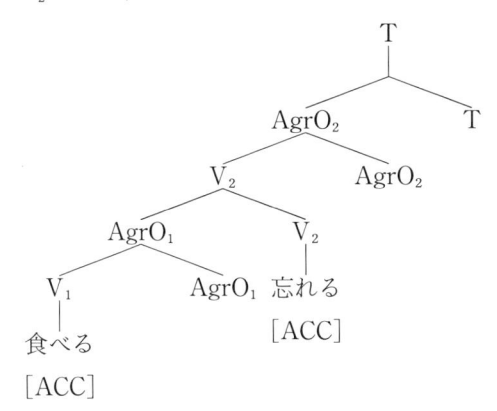

```
                    T
                   / \
               AgrO₂  T
               /    \
              V₂   AgrO₂
             /  \
          AgrO₁  V₂
          /  \    |
         V₁  AgrO₁ 忘れる
         |       [ACC]
        食べる
        [ACC]
```

　(35)-(38)に見られたスコープの違いは，埋め込み文の動詞がAgrO 1 に移動して目的語と格照合をする場合と，埋め込み文の動詞がAgrO 2 に移動し主文の動詞と併合してできた複合動詞によって格照合する場合との違いによって生じるとする。

　(35)の繰り上げ文では，(35′)において埋め込まれた文の他動詞「食べる」は目的格素性を持つが，主文の他動詞「過ぎる」は目的格素性を持っていない。しかし，2つとも目的格一致素性（AgrO 1, AgrO 2）を持っている。そこで動詞「食べる」の目的格素性により目的語の目的格素性が AgrO 1 において照合されれば，目的語が狭いスコープを持ち，「食べる」が引き上げられて「過ぎる」に併合されてから AgrO 2 において目的格素性照合が行われれば，目的語が「過ぎる」より広いスコープを取ることになる。

　他方，コントロール文(36)では，埋め込まれた他動詞「食べ」も主文の「忘れ」も目的格素性を持っている。ところが「忘れ」の目的格素性に阻まれて，AgrO 1 の下で「食べ」の目的格素性によって行われる目的語にたいする素性照合は実効を持たない。したがって「食べ」が「忘れ」の位置に引き上げられてから，AgrO 2 の下で目的格素性照合が行われ，目的語が「忘れ」よりも広いスコープを持つことになる。と

ころが，同じくコントロール文である可能文（37）（38）では，「を」格目的語が可能形式より広いスコープを持つことが出来ない。逆に，「が」格目的語の場合には他のコントロール文と同じく目的語が，可能形式より広いスコープを持つ。理由は可能形式が目的格素性を持たないことにある。まず，AgrO１で目的語「右目」と「つむる」との間で行われた素性照合が可能形式に阻まれないので，「を」格目的語の可能形式より狭いスコープの説明がつく。「が」格目的語の場合は，主格照合のために目的語が主文の時制辞句まで引き上げられなければならない。したがって，他のコントロール文と同じく目的語が主文の述語（この場合は可能形式）よりも広いスコープを持つことになる。

　一致句のような余分な構成素を排している現在の極小プログラムではKoizumiの文法は認可され難いと思われるが，複合述語文に見られるスコープの違いに注目し，厳密に形式化した点は評価されるべきである。特に，極小プログラムの枠の中での格素性の照合が主格に限られていることからも，一致句を排除して動詞と目的語との間の格素性照合のメカニズムを開発するのに大いに役立つに違いない。

5.7.2. Ura（1996）

　Uraの主張の主な点は，１つの機能辞主要部（例えば時制辞）が持つ１つの機能素性，例えば主格素性は，複数の同じ素性照合関係を持つことが出来るというものである。これが多重主語文を成立させる。また１つの機能辞主要部が複数の機能素性を持ち，複数の異なる機能素性照合を行う。日本語の与格主語文では，時制辞が与格と主格を照合する。このメカニズムを可能にするには，時制辞句に複数の指定辞を重ねる必要がある。

　このような構造上の可能性は極小プログラムにおいても追求される必要があり，このメカニズムが不要になったとは言えない。しかし，Fukuiが指摘したように，機能範疇が日本語にはないという仮定が，複数の限定詞，所有格などを許容する日本語の現象を基にしていることを

考慮すると，複数の指定部を機能辞範疇（functional category）に認めることで一応問題点が解決されていることになる。後は普遍的な理論としてどちらがより妥当であるかという問題になる。

6. CP 領域の果たす役割

本節では，CP 領域の果たす役割が，日本語において特に重要であることを示す種々の現象を取り扱う。まず，6.1.節で Rizzi（1997）による CP の内部構造を説明し，6.2.節で CP 内でのモーダルの位置について考察する。6.3.節は日本語の主文の成立に密接にかかわる CP 領域の役割について論じる。

6.1. CP の内部構造

5.2.節の（16）で Rizzi（1997, 2004）による CP の内部構造を示したが（(16 b) を（39）として再掲），その中で従来の生成文法で取り上げられたのは，話題句（TopP）と CP-Spec の位置に引き上げられる *wh*-要素であった。(39) では *wh*-要素は焦点句（FocP）の指定部（FocP-Spec）に引き上げられる。話題句は焦点句を挟んで上下に分けられているが，下の TopP は項が話題化されたもの，中央の TopP は項以外の後置詞句や副詞句が話題化されたものの占める位置とされている。

(39) ForceP　TopP*　Int　TopP*　FocP　ModP*　TopP*　FinP　IP
　　　文のタイプ　主題　何故　　　　焦点　前置された副詞類　　　　定形/非定形

(ForceP：Force Phrase（発話力句），TopP：Topic Phrase（話題句），Int：Interrogative（上位疑問要素「何故」），FocP：Focus Phrase（焦点句），ModP：Modifier Phrase（修飾句），FinP：Finite Phrase（定形句），IP：Inflectional Phrase＝TP（Tense Phrase）。IP は CP との接点領域。
＊：複数個現われる可能性を示す。)

右端の TopP は TP 内の項が話題化されたものと考えられているようであるが，この考えは適切ではない。むしろ状態述語をもつ文の主語の位置と考えるべきものである。

(40) a. <u>この庭は</u>とても狭い。
   b. <u>この庭が</u>とても狭い。

(40 a) は主語の状態を述べる自然な文であって，話題という意味合いの薄いものである。(40 b) のように「が」格を取ると，総記（他の庭の中でこの庭だけが）の意味になる。

主語を除く他の項の場合は，(41) に見られるように，話題としての解釈が自然である。

(41) a. <u>この論文は</u>，加藤氏が既に紹介しています。
   b. <u>母には</u>，私から説明します。

これらの「は」句は，中央に位置する TopP に引き上げられたものと考える。その他の副詞句や後置詞句は左端の TopP の位置にあるものとする。この位置には時や場所を表わす副詞句が現われる。いずれの話題句も重出可能である。

6.2. モーダル句

本節では，モーダルの定義を述べ，その形態および意味に関する特徴を扱った上で，日本語のモーダルの特徴を述べる。続いて，CP 領域でのモーダル句（Modal Phrase：ModlP）の位置について提案する。6.2.1.節はモーダルの定義と形態・意味上の特徴，6.2.2.節は日本語のモーダルの特徴，6.2.3.節はモーダル句の位置に関する提案に当てる。

6.2.1. モーダルの定義と形態・意味上の特徴

　モーダルは話し手の発話時の心的態度を表わすもので，認識モーダルと発話伝達のモーダルの2種類がある。認識モーダルは話し手の発話内容に関する判断あるいは捉え方や認識を表わす。発話伝達のモーダルは，ことばが持つ各種の伝達機能を表わすモーダルで，その選択が話し手の発話にたいする態度を表わす。したがって，発話伝達のモーダルは主文のみに必ず1つ現われる。

　形式上は真正モーダルと擬似モーダルの2種の区別がある。そして，真正モーダルには次の特徴がある。

　　(42) (a)「過去」時制を持たない。(時制の分化がない。)
　　　　 (b) 否定形がない。

　真正モーダルと擬似モーダルの区別は言語一般に見られる普遍的な特徴である。特徴 (42 a) に関しては，英語では may/might のように時制の分化があるように見えるが，この過去時制は厳密な意味での時制ではない。(42 b) は少なくとも英語には当てはまらない。さらに興味深い点は，英語には発話伝達のモーダルが存在せず，文型がその機能を担っている。これらの点に関連しては，井上 (2008) が日英語の比較を行っている。

　擬似モーダルは，真正モーダルに似た意味を持つが，時制の分化があり，否定形にもなる (例えば，「(動き) そうだ，そうだった，そうではない」)。また，真正モーダルと異なり1つの文に重出可能である。

6.2.2. 日本語のモーダルの特徴

　　(43) 真正モーダル
　　　　 (a) 発話伝達のモーダルが範疇として独立しており，認識モーダルと区別される。

認識モーダル：「だろう，（し）よう，（する）まい」など。
　　　発話伝達のモーダル：「（し）ろ，（して）下さい，（する）な」など。

(b) 真正モーダルは1つの文に1つしか音形をもって現われない。
　　　「*この山に登ろうまい。」（まい＝意思）（認識＋認識）
　　　「*明日は大学に行こうな。」（な＝禁止）（認識＋発話伝達）

(c) 発話伝達のモーダルは，主文に1つだけ必ず現われる。補文に現われることはない。認識モーダルで終わっているように見える文もゼロの発話伝達モーダルが存在すると仮定する。
　　　例えば，「太郎が走るだろう」という文には下記のモーダルが用いられているとするのである。
　　　「太郎が　走る　だろう　0　」
　　　　　　　　　　　認識　　伝達

(d) 真正モーダルは，引用節を除く他の埋め込み文には許容されない。

(e) 日本語の真正モーダルには時制の分化がない。
　　　真正モーダルのほかに多数の擬似モーダルが存在する。これらは先にも述べたとおり，
　　　（ⅰ）時制の分化を許す（「らしい/らしかった」「のだ」「のだった」）。
　　　（ⅱ）否定形でも現われる（「ようだ/ようではない」）。
　　　（ⅲ）話者以外の者の認識を表わす（「そうだ」）ことがで

きる。
(iv)（44）が示すように，真正モーダルを加えて重出可能である。
(v) 先行文にも時制辞を許す。

さらに重要な点は，

(vi) 擬似モーダルはすべて認識モーダル，すなわち話者の認識を表わすものである。

(44) a. 佐藤さんの任用が拒否されたのだろう。

(Inoue 1990 a, (4 b))

　　 b. 誰かが戸をあけておいたようなのです。　（同 (5 a)）
　　 c. 今日は社長が出てくるはずなんだろう。　（同 (5 b)）

以上の特徴を踏まえて，井上（2008）では真正モーダルは動詞の活用接辞であり，擬似モーダルは述語の一種であると仮定し，その根拠を示している。概略すると，活用接辞は1つ生じたら，活用接辞も派生接辞もそれに続くことができない。真正モーダルを活用接辞と仮定することは，1つの主文に真正の認識モーダルと真正の発話伝達のモーダルの中の1個しか音形を持って現われないと予測する。事実そのとおりである。擬似モーダルが重出可能なのは，主語の位置に文を埋め込むことを繰り返し行うことにより述語が重出するという一般的な派生における述語の機能を反映している。擬似モーダルを述語とする仮定には，この一般性が根拠となる。例えば（45 a）は（45 b）の構造を持っていると分析できる。

(45) a. 社長が来るはずのようだった。
b.

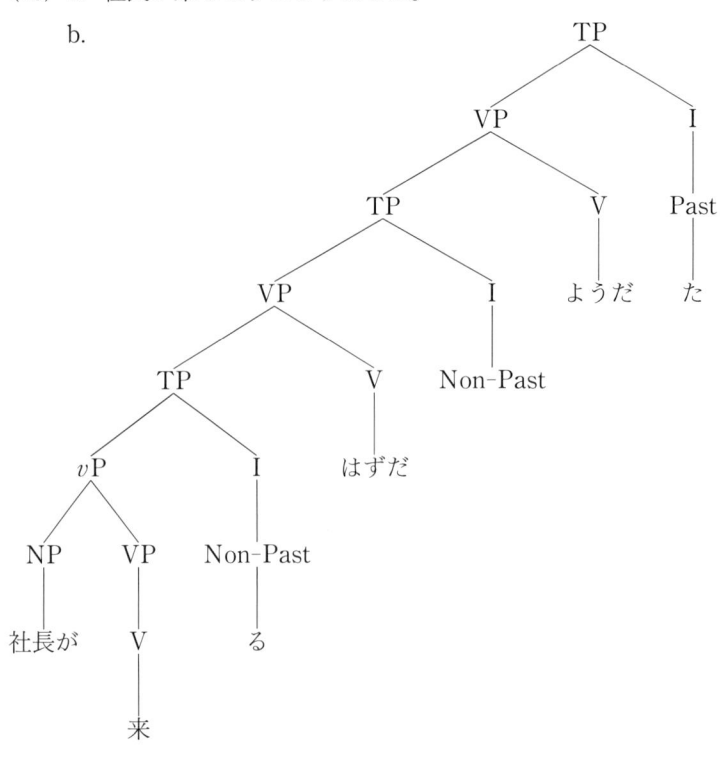

```
                          TP
                         /  \
                        VP   I
                       /  \   |
                      TP   V  Past
                     /  \  |   |
                    VP   I ようだ た
                   /  \  |
                  TP   V Non-Past
                 /  \  |
                vP   I はずだ
               /  \  |
              NP  VP Non-Past
              |   |   |
             社長が V   る
                  |
                  来
```

(45)の「はずだ」「ようだ」はいずれも認識の擬似モーダルである。

(46) 日本語の真正モーダルの構造

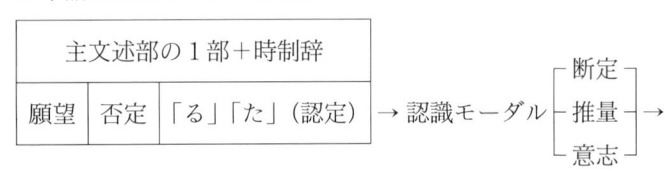

主文述部の1部＋時制辞		
願望	否定	「る」「た」（認定）

→ 認識モーダル ─┬ 断定 ─┐
　　　　　　　　├ 推量 ─┤→
　　　　　　　　└ 意志 ─┘

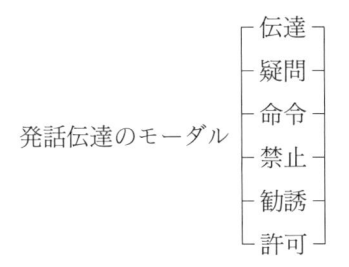

発話伝達のモーダル ┌ 伝達
　　　　　　　　　├ 疑問
　　　　　　　　　├ 命令
　　　　　　　　　├ 禁止
　　　　　　　　　├ 勧誘
　　　　　　　　　└ 許可

　認識モーダルは話し手の認識を表わし，発話伝達のモーダルは聞き手に対する話し手の働きかけを表わす。言い換えれば，前者は話し手に直接に依存し，後者は聞き手に依存するということになる。
　ここで注意すべき点は，擬似モーダルは認識モーダルとしてしか用いられないが，真正モーダルは認識モーダルとしても発話伝達モーダルとしても活用されることである。(46)の時制辞の欄に付した（認定）は，時制辞にも命題内容を認定するというモーダルの意味が存在すると仮定したものである。

6.2.3. モーダル句の位置

　6.1.節の(39)に示したCPの内部構造を，以下に(47)として再掲する。（ただし，CPとの接点領域であるIPは省く。）

　　(47) CP領域
　　　　ForceP　TopP*　Int　TopP*　FocP　ModP*　　TopP*　FinP
　　　　文のタイプ　主題　何故　　　　焦点　前置された副詞類　　　定形/非定形

(47)にはモーダルが加えられていない。6.2.2.節で述べたように，日本語では真正の発話伝達のモーダル「(し)ろ」「(する)な」などが独立しており，真正の認識モーダル「(し)よう」「(する)まい」などと区別されている。その中で文型にかかわる真正の発話伝達モーダルはCP領域に加えられるべきであろう。ForcePに組み込まれるか，その

右側に位置するかのどちらかである。次に，話者の認識を表わす真正認識モーダル，「(し) よう」「(する) まい」などであるが，これらも主語の人称制限に関わるのでCP領域に属するものと考える。6.3.1.節で具体例を示すが，日本語の主語の人称は，CP領域にある発話伝達のモーダルによって制約されるからである。真正認識モーダルのCP内の位置については，擬似認識モーダルが述語の一種，すなわちTPに支配されるVPの主要部Vに属すことを考慮すると，FinP（定形句）の左のTopPの左に置くのが妥当であろう。(48) はModlP（Modal Phrase：法助辞句）を加えて (47) を手直ししたものである。

(48) ForceP　ModlP1　TopP*　Int　TopP*　FocP　ModP*　ModlP2　TopP*　FinP
　　　文のタイプ　　　　　話題　何故　　　焦点　　　　　　　　　　　　　定形/非定形

ModlP1は発話伝達の真正モーダル，ModlP2は認識の真正モーダルである。

6.3. 日本語のCP領域の役割

(48) において，ForcePによる文のタイプ分けが発話伝達のモーダル（ModlP 1）に支えられている点をはじめ，3種の話題句が認められるなど，日本語のCP領域の役割はかなり広い。さらに，英語ではTP領域，つまり命題領域での制限である人称制限が，日本語ではCP領域で起きているという主張がある。1つは上田 (2008)，もう1つは長谷川 (2008 a, b) である。6.3.1.節では上田を，6.3.2.節では長谷川を取り上げ，6.3.3.節で現象文などが独立文として認可されるメカニズムについて論じる。

6.3.1. モーダリティと人称制限

　上田 (2008) は，日本語には2つのタイプの人称制限があり，その1つは補助動詞「くれる」が要求する「に」格名詞句に対する人称制限で

あるとする。

(49) 妹が私に本を送ってくれた。

(49)においては，「に」格名詞句は1人称でなければならない。このような補助動詞による人称制限の他にもう1つ発話伝達のモーダリティによる人称制限がある。それに対して，認識のモーダルには人称制限がないという主張である。

 (50) 発話伝達のモーダリティに対する人称制限
  a. （シ）ロ/（シ）マエ　（命令）　[+2nd]　　（2人称）
  b. （スル）ナ　　　　　（禁止）　[+2nd]
  c. （シ）マショウ　　　（勧誘）　[+1st/+2nd]
           （2人称（1人称をも含む））
  d. （シ）ロ/（シ）マエ　（願望）　[-2nd]　　（2人称以外）
  e. （シ）ヨウ　　　　　（意思）　[+1st]　　（1人称）
  f. （スル）マイ　　　　（意思）　[+1st]　　（1人称）
            （上田(23)の一部）

(50 e, f)の「意思」を表わすモーダルは，本書では6.2.2.1.節に示したように，認識モーダルであって発話伝達のモーダルではない。すなわち，(48)のModlP2に属し，話者の認識を表わすもので，1人称主語を必要とするのは当然の帰結である。(50 a-c)はすべて2人称主語という制限を持っていることも，発話伝達のモーダルが聞き手に依存するという本書の仮説にたいする根拠の1つである。（dの「願望」は，発音伝達のモーダルに含めるかどうかが問われるものである。）

6.3.2. 1人称の省略

 長谷川(2008)は，1人称の省略は主語か目的語か，如何なる補文中

に現われるかによって異なるという現象を吟味し，日本語には英語などと異なった「人称の一致」が見られるとして，それに関わるCP内の範疇について提案している。まず，長谷川の注目する現象に目を向けよう。

現象1：発話状況から復元可能であっても不定の名詞句は省略できない。

(51) a. (デパートの袋を抱えて帰ってきた娘に母親が)
「{何か/*∅} 買ってきたの？」
b. (客用の湯飲み茶碗が使われたことに気付いて)
「あれ，{誰か/人が/*∅} 来てたの？」

現象2：一般に話題になれる要素は省略できるという「話題省略の仮説」がある。(長谷川では，topicを「主題」としているが，本書ではthemeを「主題」，topicを「話題」としている。) 現象1として不定名詞句は話題になれない，したがって「話題省略」の対象にならないと論じている。これによって (51) のように不定名詞句が省略できないことが説明できる。次の (52) は話題になっている1人称主語は省略可能であることを示している。

(52) a. (顔を腫らしているAが「どうしたの？」と問われて)
A：「∅花子に殴られちゃったんだ」(∅＝僕は)
b. (A教員室へ行く理由を問われて)
A：「∅先生に呼ばれたんだ」(∅＝私は)　　(長谷川 (3 c, d))

現象3：1人称目的語は省略できない。

(53) a. (顔を腫らしているAが「どうしたの？」と問われて)
A：「花子が {*∅/僕を} 殴ったんだ」
b. (Aが教員室へ行く理由を問われて)

A：「先生が｛*∅/私を｝呼んでるの」
（(53) の A では 1 人称目的語の省略が容認される場合がある。）

　これらの文の目的語は「は」によって話題化できるにもかかわらず，省略不可能である。したがって「話題省略の仮説」が成り立たないことになる。
　これらの現象を根拠に，長谷川は (52) に見られる主文の 1 人称主語は「は」を伴っていても話題ではなく，その省略も話題の省略ではなく別のプロセスによるものとする。それは (54) にまとめた CP の構造とそれを基にしたプロセスである（Mod，ModP は長谷川の用語）。

(54) a. 主文の CP システムには，話題と関わる Topic，話者と関わる Mod（Modality）という機能範疇が存在し，各々，その指定部の要素と共に TopicP，ModP を投射する。(Rizzi 1997)
　　　b. 話題（Topic）は［−Speaker］に限られ，その指定部には，その素性と一致する要素が文法関係に関係なく，文頭に移動する（もしくは，談話状況に登録済みの要素が生成される）。
　　　c. Mod は［＋Speaker］（1 人称）という素性をもち，その指定部には，その素性と「一致」した 1 人称主語が移動する。
　　　d. 省略の条件：CP システム（TopP また ModP）の指定部の要素（もしくは，その主要部と「一致」した要素）は省略の対象となる。
　　　（用語の統一のために長谷川 2008，(8 b-d) に修正を加えた）

　ここでの CP の内部構造には，ModP が (55) のように組み込まれている。

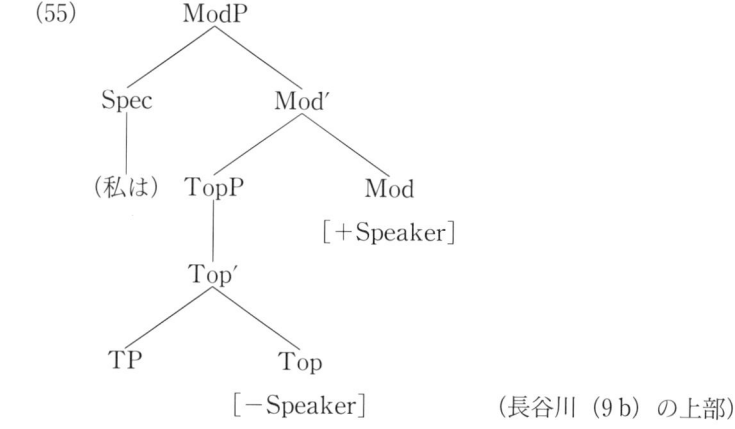

(55)
```
        ModP
       /    \
    Spec    Mod'
   (私は)   /   \
         TopP   Mod
                [+Speaker]
         /
       Top'
       /  \
      TP   Top
           [−Speaker]
```
（長谷川（9b）の上部）

(55) の ModP は上記 (48) の ModlP2 に当たるもので，ここでは Mod に [+Speaker] の素性が与えられており，本書で ModlP2 として話者の認識を表わす認識モーダルを位置づける仮説にたいする1つの根拠とすることができる。

以上のように，6.3.1.節と 6.3.2.節で扱った日本語における人称制限に関する論考はいずれも，ModlP1 と ModlP2 の存在を裏付ける根拠としても注目される。

6.3.3. 独立文としての現象文など

伝統的な日本語文法でも，アメリカ構造主義の日本語文法においても，定時制辞が存在して始めて独立文が成立するという一般則の立場を取ってきた。ところが現象文などの「る」形は原形（root form）で時制辞ではないという 5.5.1.節での仮説が正しいとすると，時制辞を持たない現象文などが如何にして独立文として認可されるのかという問題が残る。それに対して，ここでは CP の ForceP と FiniteP によって現象文や感覚文が独立文として認可されると仮定する。

6.2.3.節で (47) として再掲した CP に属する FiniteP には [±finite]（[±定形]）という素性が与えられている。この素性がプラスの

値を取った場合に，文が独立文として認可されるのである。ところで，'finiteness'（定形性）は，時制辞句（TP）の主部 T（時制辞）から引き継いだものである。時制辞によって定形か不定形かが決まり，定形文が独立文としての資格を得るというこの原則は言語一般に当てはまる一般則である。

　現象文などの「る」形は述語の原形語尾で時制辞ではないという本書の立場では，これらは時制辞を持たないので，時制辞による独立文としての認定は不可能である。

　Rizzi（1997）によると，CP は 'force-finite system' として捉えられ，TopP（話題句）と FocP（焦点句）が選ばれて始めて，ForceP と FiniteP が CP 構造の両端に位置し，(48) の内部構造が出来上がるとしている。

　文のタイプの選択の可能性は ForceP によって示されるというのが Rizzi の主張であるが，日本語では文のタイプは発話伝達のモーダルによって決定される。しかも発話伝達のモーダルの存在は一般文の必須要件である。すなわち，ForceP と FiniteP との間にモーダルが介在することが一般的法則である。ところが，感覚文や現象文は感情や感覚の直接の表出であって伝達意図によるものではない。したがって発話伝達のモーダルを欠いているという考えは事実に合っている。

　このように，現象文，感覚文などは時制辞も発話伝達のモーダルも取らないのであるから，これらによって独立文として認可される可能性はない。したがって ForceP と FiniteP によって独立文として認可されるとしか考えられないのである。すなわち，これらの文では ForceP と FiniteP は分化しており，FiniteP の主部 Fin（定形辞）に動詞句の指定部にある主語から「数，性，人称」（Φ）素性が移され，これによって主語としての基準（subject criterion）が満たされると考えられる（遠藤（未公刊））。そうすると，主語としての認定と，ForceP からの平叙文としての認定を受けて，現象文や感覚文も独立文として認可されることになる。

6.4. CPの内部構造再考

6.2.1.節では，擬似および真正の認識モーダルの分布状況を基に，CPの内部構造を（48）と仮定した。（48）を（56）として以下に再掲する。

(56) ForceP ModlP1 TopP* Int TopP* FocP ModP* ModlP2 TopP* FinP
　　　文のタイプ　　　話題　何故　　焦点　　　　　　　　　　　定形/非定形

この中でModlP2とその位置に関する仮説に対して，前節では長谷川の1人称の省略の研究が重要な根拠を与えることを見た。6.4.1.節では遠藤（2008）（2009）が示している具体的な例として終助詞の分析を概説し，6.4.2.節において，英語のモーダルに関して，同様の分析の可能性を探る。

6.4.1. 遠藤（2008, 2009）による終助詞の分析

遠藤（2009）は，日本語の述部の成り立ちを示すために（57 a）を上げ，その構造を（57 b）として示している。

(57) a. 並べ＋られ＋ていなかっ＋た＋そう＋です＋よ

(遠藤（13））

b. 述語＞ボイス＞アスペクト＞否定＞テンス＞対事的ムード＞丁寧＞対人的ムード　　　　　　　　　　（同（14））

上記の「対事的ムード」は本書の認識モーダル，「対人的ムード」は発話伝達のモーダルとほぼ一致する。（56）では「対事的ムード」をModlP2，「対人的ムード」をModlP 1と表示している。先にも述べたとおり，認識モーダルは話者に依存し，発話伝達のモーダルは一般に聞き手に対する働きかけを表わすものである。このように，遠藤（2009）

によっても，CP において話者の階層が聞き手の階層よりも低いことが明らかにされている。

　遠藤 (2008) では終助詞をモーダルとして扱っている。

(58)　speech act　　　　evaluative　evidential　epistemic
　　　発話伝達　　　　　評価的　　　実証的　　　認識
　　　ね，ねー，な，なー　よ　　　　　　　　　　わ
　　　　　　　　　　　　　　　　　　　　　　　（遠藤 (55)）

(58) における「実証的」は認識モーダルの一種と考えられる。さらに，評価的とされている「よ」は発話伝達機能も担っているのでこれに含めると，終助詞も発話伝達と認識という 2 種のモーダルに分かれることになる。

　遠藤はさらに，IP に支配されている位置から CP への終助詞の移動のメカニズムを (59) として捉えている。

(59)　a. ... Fin...Subj...よ，ね，さ　　　　　　（遠藤 (66 b)）
　　　　　　　の
　　　b. よ，ね，さ...Fin...Subj
　　　　　　　　　　　　の　　　　　　　　　　（遠藤 (66 c)）

すなわち，定形句 (FinP) の主部 Fin に与えられている「の」は，独立した要素ではなくその存在を何らかの要素によって認可されなければならない。そこで「の」を認可するために，終助詞「よ，ね，さ」などが CP に引き上げられると仮定しているのである。

　ここで話者と聞き手に関する議論をまとめておこう。
　認識モーダルは話者の認識を表わすのであるから，(55) の長谷川の分析のように，認識モーダルの主部に [＋話者 (＋speaker)] という素性を与えるのは当を得ている。聞き手については，本書では，発話伝

達のモーダル（ModlP 1）の主部 Mod 1 に素性［＋聞き手（＋hearer）］与えられていると考える。これらの素性は表層には具現しない隠れた意味情報を表わす。Ross（1967）は，すべての文は抽象的な I tell you（私が貴方に伝える）という文に埋め込まれたものであると仮定して，これを発話行動分析（performative analysis）と名づけたが，ここでは，法助辞が持つ意味情報の1つとして扱っているのである。

6.4.2. 英語のモーダル

英語の助動詞には，単純未来と意思を表す助動詞 shall, will とモーダルの may, must, can などがある。これらにはいずれも時制の分化があり，意味の違いを生じている。shall と will には平叙文と疑問文にそれぞれ人称制限がある。shall と will の持つモーダル的な意味，たとえば，"You shall go out immediately."「お前は直ちに出て行くのだぞ」および人称制限は，これらの助動詞がもつ本来の意味からくるもので，CP 領域において談話情報などをもとに解釈される種類のものではない。このような本来的な意味を根源的（root）な意味と呼ぶことにする。

モーダルには根源的な意味と認識的な意味の両面がある。『英語構文辞典』では Jenkins（1972）の分類として（60）を挙げている。

(60) 根源的　（R）　　　　認識的　（E）
　　 may　　（許可）　　　 may　　（可能性）
　　 must　 （必要）　　　 must　 （論理的含意）
　　 will　 （意思）　　　 will　 （未来の予測）
　　 can　　（能力）　　　 can　　（可能性）

（60）の中で根源的モーダルの may には人称制限がある。すなわち，"You may read this book." "John may participate in our discussion."

のように2人称，3人称主語は許されるが，1人称主語文はできない。その意味で本書では，「許可」のmayは発話伝達のモーダルとして扱う。すなわち，発話伝達と認識的モーダルという2種のmayの存在を認めるのである。

(60)の認識的モーダルは，すべてCPに引き上げられ意味解釈が与えられる。

6.5. CPの意味役割

6.4.節で示したCPの内部構造を構成している話題句（TopP）や焦点句（FocP）などは，演算子のスコープと談話の特質に関する基準を合図する主部を持つ基準位置（criterial position）からなる体系を成している。基準位置とは，その位置を占める要素が満たすべき基準を示す機能範疇が占める位置である。そして，基準位置の主部にはQ（question：疑問），Top（topic：話題），Foc（focus：焦点），R（relative：関係詞），Excl（exclamation：感嘆詞）がある。

(61) a. Which book   Q   should you read
                                           〈which book〉?
     b. This book   Top you should read 〈this book〉
     c. THIS BOOK   Foc you should read 〈this book〉
     d. The book   R   you should read 〈the book〉
     e. What a nice book Excl I read 〈what a nice book〉
                                        (Rizzi 2009 a, (15))

基準範疇の主部と満たすべき基準を示す句は，(62)(63)に示すように，指定部―主部という構成になっていなければならない。

(62) [XP [Top YP   ]]   (同 (18))
     Topic   Comment

(63) [XP [Foc YP   ]]   (同 (19))
　　　Focus   Presupposition

この他に，主語基準（subject criterion）が設けられ，主語も基準位置を占める。
　次に，基準を満たす句はその位置で凍結されるという条件がある。

(64) 基準に関わる要素の凍結（criterial freezing）：基準を満たす句はその位置に凍結される。

これまで「補文標識 that に移動の痕跡である trace (t) が続いてはならない」という条件が設けられていた。いわゆる 'that t effect' と呼ばれる条件である。(65) はこの条件に従わないために非文とされる例である。

(65) *Who do you think [$_{CP}$ t_2 [$_{TP}$ that t_1 will come]]?

これは，(64) の基準に関わる要素の凍結条件によって説明できる。(65) においてまず，t_1 は移動した主語 who の痕跡である。主語の位置は基準位置であるから，who はこの位置で凍結されて動けないはずである。ところが，(65) では who がさらに CP に移動している。そのために非文になっているのである。（この問題については，遠藤（未公刊）を参照されたい。）
　日本語にはこの条件が適用されていないように思われる場合がある。それは，主語が話題句や焦点句を占めるのは決して珍しいことではないからである。これらは，主語の位置に凍結されているとしたらこの位置に凍結されていて，主語の話題句や焦点句という基準位置には現われてはならないはずである。これを回避するためには，CP に主語話題句，主語焦点句を設け，主語になるべき vP の外項は，基準位置の主語に引

き上げられずに，直接に CP の主語話題句，主語焦点句に移動すると仮定しなければならない。Rizzi 自身も一応この仮定を認めているようである（筆者の質問にたいする見解）。しかし，主語の特殊性については，さらなる検討が必要である。

6.6. まとめ

本節では，Rizzi（1997, 2004）などによる CP の内部構造に法助辞句を加える提案をした。発話伝達のモーダルによって文型が決まるという明確な根拠が存在するからである。発話伝達のモーダルを ForceP の下位類とする可能性もあるが，この点は今後の研究課題の 1 つにしておく。

さらに定形句の主部（Fin）には［発話時］という素性が与えられていると仮定し，時制辞の持つ［±完了］という素性と合わせて時の解釈が与えられるメカニズムを提示した。これは，定形句は時制辞句（IP）の主部の時制に関する素性を簡略して引き継ぐという Rizzi の考えとは異なる点である。最後に主語基準に抵触する主語の話題化と焦点化について，それぞれ独立に満たすべき基準を示す句を仮定したが，これは今後の研究課題である。

7. 結語

本章では，極小プログラムにおいて GB 理論までの理論的基盤の転換が図られ，結合（merge）と素性照合のための移動（move）という最小限の統語操作を認めるに留めている。その中で，移動を駆動する重要な働きをする EPP を中心に日本語研究における極小プログラムに沿う研究を取り上げた。さらに極小プログラムと平行して研究の進んだ Rizzi（1997）などによる CP の内部構造の研究が日本語の分析に貢献するところが多いことを指摘し，モーダル句を CP 構造の中に組み入れることを提案した。さらに，現象文や感覚文の研究を基に，これらの文

は時制辞を欠いており，CP 領域において認可されると仮定した。これらの提案や仮定を，普遍文法の観点からできるだけ多くの言語に適用して検討することが強く望まれる。

第5章　談話構成法

　第2章において，拡大標準理論の段階ですでに久野（1978）が出版されており，日本語の分析に談話構成に関する考察が欠かせないことが意識されていたと述べた。談話については，これまで意味解釈の観点からの分析，談話の展開を示す標識（marker）や談話の語用機能などの観点から数多くの研究が公刊されている。

　本章では，第1節において談話の構造記述，すなわち談話文法が極小プログラムの統語部門の何処に位置するかについて考察し，談話文法に必要な単文の構造生成法を超えた談話構成法について述べる。続いて日本語に特徴的な談話構成法に言及する。第2節では，談話文法に重要な役割を果たす情報構造の談話文法内の位置づけについて論じ，情報構造について詳しく述べた上で，談話構成法と情報構造の関係，統語構造と情報構造の関係について詳述する。第3節では，談話の冒頭文の構造型の分布を分析することによって日本語の談話の特徴を洗い出す。

1.　談話文法

　1文またはそれ以上の数の文が談話を構成する。談話の中には参加者が1人の場合，2人あるいはそれ以上の複数の参加者が存在する場合がある。後者の場合には会話（conversation）という形を取る。
　談話文法は，その構造記述に必要な談話構成法と情報構造との相関関

係から成り立っている。談話構成法はこれまでの単文を生成するメカニズムを扱った統語構造生成法と異なり，2文またはそれ以上の文を対象とし，それらが談話という構造単位を作るメカニズムを探求するものである。談話構成法には独特の原理が働くと考えられるからである。さらに，情報構造については，旧い情報，新しい情報という形でこれまで論じられてはきたが，その出自についての厳密な考察は行われてこなかった。また，これまで文文法の中で論じられてきた話題（topic）や焦点（focus）などは，談話を視野に入れなければ的確な分析をすることが不可能な概念であることから，談話文法の1つの柱である情報構造の研究が不可欠である。

1.1. 談話文法の位置づけ

　GB理論の段階までの生成文法理論の統語論は文を単位として，文構造を扱ってきた。いわゆる狭統語論（narrow syntax）に焦点が置かれていたのである。複数の文を視野に置く研究は必ずしも市民権を与えられていなかった。日本語研究で長く中心的論題になっている話題（topic）や総記（exhaustive listing）なども，1つの文だけを対象とするのでは研究できないものである。ただし，LFの中で統語構造と意味との接点として，このような問題を取り上げる可能性はあった。また，補文標識は補文の種類，すなわち定形文，不定形文，動名詞文，疑問文などを提示する役目を負っていた。しかし，2個の文を繋げて「等位」あるいは「従位」接続文を創るメカニズムは何処にも備わっていなかった。

　このような背景の中で，Chomsky（1993）は極小プログラムについての論考を発表した。この時期にRizzi（1997）のCP領域の内部構造に関する論考が発表されたことは，新しい理論の展開に少なからぬ影響を及ぼすものと思われる。この論文では，本節の中心課題である談話の位置づけが，かなり明確に示されている。次の（1）はRizziによるCPの内部構造である。（1）の構造はいずれもX′式型をとっている。

第 5 章　談話構成法

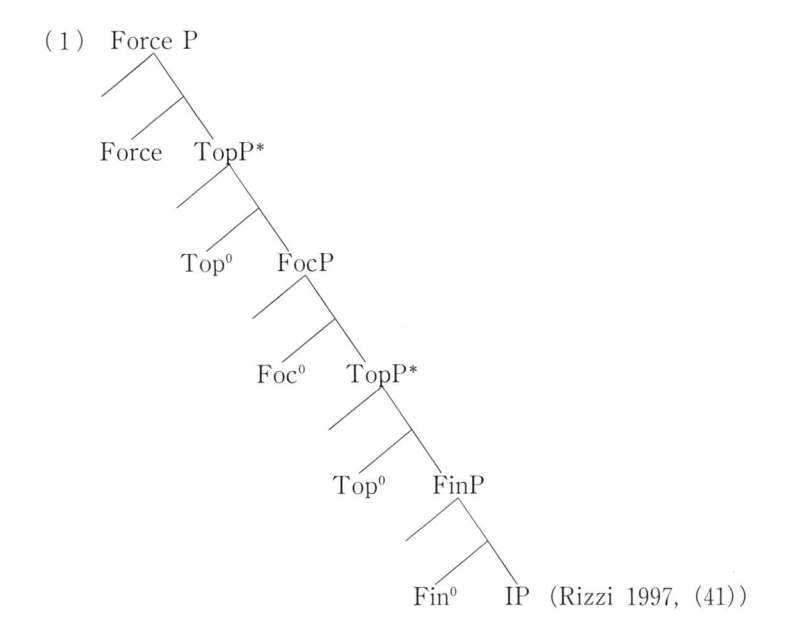

(1)　　Force P
　　　／＼
　　Force　TopP*
　　　　　／＼
　　　　Top⁰　FocP
　　　　　　　／＼
　　　　　Foc⁰　TopP*
　　　　　　　　／＼
　　　　　　　Top⁰　FinP
　　　　　　　　　／＼
　　　　　　　Fin⁰　IP　(Rizzi 1997, (41))

（1）において，Force は平叙文，疑問文，命令文など文の発話の力を指す用語である。TopP（話題句）に＊印がついているのは，繰り返し生起することを示している。FocP（Focus：焦点句）は1文に1つしか表出できない。FinP（Finite：定形句）は時制文，不定詞文，動名詞文などを区別する。疑問詞の移動先は FocP の指定部である。疑問詞は焦点の意味を持つので Foc（焦点）の1つとされているのである。

この CP の内部構造の何処で談話を扱うことができるかについては，Rizzi (1997) に言及はないが，ForceP が各種の文型を指定するのであるから，当然，等位接続文，従位接続文をも扱うと仮定してよいだろう。そうすれば，談話を構成する複数の文は，空の接続詞を持つ接続文 (conjoined sentence) であると考えることができる。このように考えて，はじめて談話文法を生成文法理論の枠組みに入れることができるのである。

1.2. 談話構成法の基本的原理：結合性

談話が成立するための基本的原理は結合性（cohesion）である。結合性に関しては Halliday and Hasan（以下 H & H と略す）（1976）が綿密で周到な研究である。彼らによると，結合性は談話を意味の上からまとめる働きをする。結合性を保持する文法的手段として，次のものがある。

(2) a. 指示（reference）：here, there, now, then, he, she, they, etc.
 b. 代入（substitution）：so, not (for clauses), do (for verbs and verb phrases), one (for nouns and noun phrases)
 c. 省略（ellipsis）
 d. 接続（conjunction）：接続詞：but, later on, in that case
 e. 語彙による結合：同一の語の反復，類義語の使用
           （H & H, p. 13）
 f. 構文の平行性（parallelism） （Gutwinski 1976）
  ((2 f) は J. R. Martin により加えられたもの)

(2) に示した談話の結合性を保持する文法手段について，1.2.1 節から順次論考する。

1.2.1. 指示

談話の中に他の要素を参照しなければ解釈できない要素（例えば代名詞）が現われると，それが何を指すかを知るために必ず先行文脈に先行詞を求める。これによって談話につながりが出来るのである。例えば，(3 b) において，he の指す人物を (3 a) にさかのぼって探すことが a 文と b 文を繋げる（link する）ことになる。日本文の (4) について

も同様である。

(3) a. John is one of my best friends.
b. He lives in my neighborhood.
(4) a. 博君が無事に入学試験に合格しましたよ。
b. あの子はがんばりやだからね。

このように，指示要素自体が談話の中の先行要素を参照しなければならない。これが結合性に寄与するのである。

1.2.2. 代入

代入は，語，句，文にたいして，代用形を用いることである。語にたいしては，各言語ともに，代名詞，代動詞（英語では do，日本語では「そうする」）が用いられ，節にたいしては，英語では so, not が代用として使われ，日本語においても「そう，そのように」などが同じ役割を果たす。(5)(6)は節にたいする代用表現である。

(5) a. Mary thinks that we will be invited to the party.
b. I think so, too.
(6) a. 明日は天気になると思うよ。
b. 僕もそう思う。

このように英語では動詞，動詞句の代用形として so や do が用いられるが，日本語では少し事情が異なる。

(7) a. Do you keep track of what's going on in our school?
b. Sure, I do.
(8) a. 君は今学校で起こっていることを書き留めているかね。
b. うん，書き留めているよ。

　　　　　c. ?うん，しているよ。

すなわち，日本語では，(8 b) のように動詞を反復する必要がある。久野（1978）はこれを「省略の本動詞反復のストラテジー」として，次のように定義している。

　　（9）省略の本動詞反復のストラテジー
　　　　　復元可能な要素は省略する。但し，本動詞だけは残す。

注目すべき点は，(8 c) において代動詞「する」を用いた文も，本動詞を残していないために不適格文になることである。
　(10)-(12) は，名詞，名詞句にたいする代用表現を用いた例文である。

　　(10) a. Did you choose a black coat or a brown one?
　　　　 b. 君は黒い上着と茶色いのとどちらを選んだの？
　　(11) a. Kathy sent me a very handy can-opener.
　　　　 b. Well, I was going to give one to her.
　　(12) a. 裕子さんが私にとても便利な缶切りを送ってくれたの。
　　　　 b. あら，私は彼女にそういうのを送るつもりだったわ。

いずれの場合にも，代用表現の解釈には先行文を参照しなければならない。そのことより文の間に繋がりを生じ，結合性を保つことになる。

1.2.3. 省略

　談話のみならず１つの文においても，同じ要素の繰り返しを極力避けて簡潔にまとめあげるという一般則がある。そのため，大小様々な要素の省略が可能となる。

(13) a. 君は何処から来たのかね？
　　 b. 仙台から来ました。
　　 c. 仙台からです。
　　 d. 仙台です。

いずれにしても，先行文脈から省略された部分を補って解釈されることが談話に結合性を与えることになる。

1.2.4. 接続

　日英両語において，接続詞の数は非常に多い。それらは，談話内の文を結合させるために重要な役割を果たす。しかし，英語では接続詞の使用頻度が日本語と比べて少ない。

　この点について，小規模ながら次の調査を行った。日本語では接続要素として，接続詞（でも，しかし，けれども，しかも等），接続要素（が，から，ながら，ても等），動詞の活用語尾（連用形，連用形＋て）の使用頻度を調べた。英語については，等位接続詞（and, but, for, because, etc.），従位接続詞（when, since, as, until, etc.），その他（so that, such that, etc.），動詞の活用語尾（-ing, -en）の頻度を調べた。

　接続要素の使用頻度は，主観的記述文か客観的記述文かによってかなり異なる。主観的記述文としては『雪国』の冒頭の137行を，また客観的記述文としては『我輩は猫である』の冒頭の136行を取り上げて，日本語の原文と英訳とにおける接続要素の頻度を比較した。

接続要素数

	日本語	英語
主観的記述文	78	51
客観的記述文	96	104

これを見ると，主観的記述文では，日本語の方が英語よりも接続要素の頻度が非常に高いことが分かる。それに反して，客観的記述文では，頻度はほぼ同じである。英語の資料が翻訳文であるから，日本語の原文の影響があるに違いないのでこれを結論とすることは出来ないが，傾向として仮定することは出来る。

資料としては少し古いが，次の報道文では上記の仮定を十分に裏付ける結果が出ている。

◉ Feb. 15, 2003, *The Daily Yomiuri*

Chief U.N. weapons inspector Hans Blix told the U.N. Security Council on Friday that Iraq had not fully cooperated with disarmament demands.

A senior official in the administration of U.S. President George W. Bush said earlier that Washington was expecting a "mixed bag."

A Security Council diplomat told reporters the crucial question was no longer whether Iraq was cooperating.

"The question is whether there is continued value to the inspections or whether inspections are for the birds against the criterion of complete disarmament of weapons of mass destruction," said the envoy who did not want to be identified.

Mohammed Elbaradei, director general of the International Atomic Energy Agency, said Thursday he believed inspections should continue for a few more months providing Iraq cooperates. Blix, responsible for Iraq's chemical, biological and missile programs, has refrained from giving any time estimate.

"Iraq still has a chance to exonerate itself but time is critical," Elbaradei said. "They can't afford but to have 100 percent cooperation"

第 5 章　談話構成法

● Feb. 15, 2003, 朝日新聞

　【ニューヨーク＝福島申二】イラクの大量破壊兵器問題で，国連安全保障理事会は 14 日午前（日本時間 15 日未明），国連監視検証査察委員会（UNMOVIC）のブリスク氏は「まだ十分ではない」と**しつつも**，「積極的で無条件の協力を得られるなら，査察期間は短期で終了できる」と述べ，査察委としての査察継続の要望を示唆した。

　ブリスク委員長は，今月 8，9 日にバグダッドを訪問した際，イラク側が 24 点の資料を追加提出したことを報告。**さらに**大量破壊兵器の開発にかかわった科学者からの単独聴取や，Ｕ２偵察機の全土での飛行を受け入れたことなどには一定の評価を示した。

　さらに，科学兵器の廃棄にかかわった 83 人のリストが提出されるなど「実質的な評価が得られた」とし，生物兵器の廃棄についても同様のリストを提出し，イラク政府に課せられた大量破壊兵器の破棄を立証すべきだと主張した。

　一方で同委員長は，追加提出された資料には目新しい内容がないことも指摘。

　上記の日本語資料の中で太字で示した接続要素は 5 回現われている。それに対して，英語の方には接続要素が皆無である。このことから，客観的記述文でも，日本語が接続要素を多用し，英語ではそれが少ないことが分かる。

1.2.5.　語彙による結合：同一語または類義語の反復

　同一語などの反復は，強調を表わすという文体的なものと，結束性を保つためのものがある。客観的記述文である報道文などでは，同一語の反復は，日本語では避けられる傾向があるが，英語では接続表現を多用することよりも，同一語または類義語を反復して用いることが多い。

　語彙項目の反復で注目されるのは，述語の反復である。前節の報道文の資料の中に，下線のみを施したものが述語であるが，英語では，said

が 4 回, told が 2 回繰り返されている。その他の述語としては, had が 1 回現われているだけである。said と told は同義語であるから, Halliday & Hasan によると同一語の反復ということになる。他方, 日本語では同一の述語の反復は皆無である。下線によって示した「述べ（た）」「示唆した」「示した」「主張した」「指摘」は同一語義を持っているというわけにはいかないほど, それぞれが独自の意味を備えている。

1.2.6. まとめ

接続要素の頻度と同一語の反復の点から次の結論が導かれる。すなわち, 日本語では, 結合性は接続要素によって保たれているため, 語彙項目反復による単調さを避ける方策が採られ, 英語では, 接続要素の多用による冗長性を避け, 語彙項目の反復からくる音声面の効果をも利用しつつ結合性を保っている。また, 1.2.節（2 f）であげた Gutwinski の平行性が同一構文の繰り返しによって保たれ, この点も結合性に寄与している。

1.3. 日本語の結合の仕組み

1.2.節で考察した一般的な結合の仕組みに加えて, 日本語には話題 (topic) による結合と Inoue (1982) で取り上げた中間話法による結合の仕組みがある。1.3.1.節では, 話題による結合を扱い, 1.3.2.節では, まず, 日本語の「という」を用いた話法を中間話法とする根拠を示した上で, 中間話法による結合について述べる。

1.3.1. 話題による結合

1 つの話題が数個の文を繋げて談話を構成する仕組みは, ごくありふれた結合の仕組みである。

　　(14) 日本と中国, 韓国の三カ国は二日, 北京で保健担当閣僚会議
　　　　を開き, 世界的な大流行が懸念される新型インフルエンザの発

生に備え，情報共有を徹底することで一致した。各国の担当省庁に情報共有拠点を設け，発生時には関連情報を迅速に提供し合う。食品安全問題での連係を強化することも確認した。

(日本経済新聞，2008年11月3日)

(14)では，「日本と中国，韓国の三カ国は」が続く2つの文の話題として，これらの文を結合し談話を構成している。話題は，数個の文を結合することも珍しくない。

(15) 表彰台に向かう村主の表情はうれしそうだった。「久しぶりで，どう（表彰台に）立つのか，忘れてしまいました。」
　　SP同様，課題だったジャンプはうまくまとめたが，最後に同じ種類のスピンを2度して，1つは得点にならない初歩的ミス。「考えられないことをしてしまいましたね。」滑り終わった後，思わず手で顔を覆ったが，すぐに笑みがこぼれた。
　　ここ2シーズン，結果が出ずに苦しんだ。「みんな，結果が出たのはニコライ（モロゾフ・コーチ）になったからと思うかもしれない。でも昨年があったから，今がある」。自分を信じ取り組み続けてきたことが，ようやく形になって表れた。

(朝日，2008年11月3日)

(15)では，冒頭に出た「村主」を話題として，直接話法の文をも交えて10個ほどの文がパラグラフを超えて結合されている。

1.3.2. 話法による結合

話法には，直接話法と間接話法の区別がある。直接話法では引用句が発言どおりのもので，英語では，He said, "I will go to the concert tomorrow."のように，引用符をつけた引用句をコンマで区切って示す。間接話法では，主節の主語を基に代名詞の変更をおこない，主節の時制

を基に時制の変更,および直示要素 this, here, now などを that, there, then などに変更する。上の例は,"He said that he would go to the concert the next day." となる。さらに,英語では Jespersen が re-presented speech(描出話法)と呼んだ中間話法がある。

(16) a. "How can I bear to look any of them in the face?"(直接話法)(Inoue 1982, (78 a))
b. How could he bear to look any of them in the face?(中間話法)(Inoue 1982, (78 b):研究社『英語学辞典』より)

(16 b)では,時制と代名詞は変更されているが,疑問文の形は保たれている。

日本語では,直接話法に引用符やコンマは必ずしも使用されない。(16 a)の直接話法文は,「彼は,どうして私が彼らに面と向かうことができようかと言った。」としても適格文として通る。中間話法を使った「彼は,どうして彼が彼らに面と向かうことができようかと言った」も,もちろん良い文である。

Inoue (1982)では,仁田(1979)が上げている文型分類を用いて,引用句の中の文型により,話法を決定するという手続きをとっている。

文型	主語の人称	文末構造
1―自己表現	1人称	態と相の分化。非過去時制のみ。断定や判断のモーダルを許容しない。
2―要請	2人称	同上

第 5 章　談話構成法

3―陳述		
(a) 描写	3 人称	態, 相, 時制の分化
(b) 話し手の判断	1 人称, 2 人称, 3 人称	態, 相, 時制の分化, 断定と判断のモーダル

　仁田の文型1と2は，文末表現がきつく制限されており，話法の分析に効果的な基準となる。すなわち，文型1と2が現在時制で引用句に用いられていると，主語は1人称で直接話法文となる。これらの文型に用いられる述語は，文型1には，心理動詞，感覚動詞，話し手の意思を表わす「(し) よう」「(する) まい」など，文型2には，「(して) 下さい」「(し) なさい」などが用いられ，いずれも直接話法の引用句を形成する。その他，丁寧表現「ます，です」，モーダルの「だろう，のだ，ようだ」，および終助詞も直接話法の引用句に用いられる。それにたいして，間接話法には，先にも述べたとおり，代名詞，時制，時や場所を表わす直示的副詞などを，主文の主語や時制に合わせて変更する必要がある。

　直接話法と間接話法の中間にある中間話法は，部分的に両話法の特徴を備えている。Inoue (1982) では，「という」が，活用変化形の「と言った」「と言っている」を伴う「と言う」とは独立した中間話法形成要素として働き，数個の先行文を結合する役割をもつと主張している。

(17) 今西栄太郎は，その客の人相を聞いた。それは三十歳ぐらいの年配で，背が高かった。体格は痩せてもいず，太ってもいない。顔立ちはやや面長で，髪は分けないで短かかった。髪の色は黒いが鼻筋の通った整った容貌だった。だが，彼はその顔をいつも伏せて，話をする時もまともに目を合わせなかった<u>という</u>。
　　　　　　　　　（松本清張『砂の器』）(Inoue (85))

(17) では 4 つの文が「という」によって結合されている。このような例は現在も頻繁に現れている。(18) は最近の例である。

> (18) 同大（芝浦工大）では 06 年，学生が飲酒後に救急車で運ばれたり，飲酒運転が発覚したりして，学園祭は全面禁酒に。しかし，「酒がないとさびしい」などの声が上がり，昨年は外からの持込に限って時間と場所を決めて飲酒できるようにした<u>という</u>。
> （朝日，2008 年 11 月 3 日）

「という」を用いた中間話法は，談話の冒頭部分よりもむしろ談話の本体の部分を結束し，新しい話題を提供するのに用いられることが多い。

1.3.3. その他の結合要素

話者の判断を表わすモーダル「のだ」「からだ」も先行文を結合する。

> (19) キャリアセンターの西尾昌樹課長は「この時期の学生は浮き足立っているため，落ち着いて職業観や企業を見極めるよう助言している。」あまりに早く内定し，本当によかったのかと「内定ブルー」に陥ったり，複数の内定をもらっても絞りきれなかったりする学生がいる<u>からだ</u>。　　　　　　　（同上）

(19) では，2 つの文を事象と原因という関係で結合している。
Inoue (1982) では，Shimozaki (1981) の調査で，森鷗外の『雁』の 110 パラグラフの中で 32（29.1％）が「のである」で終わっているという結果が出ている。これを見ると，「のだ，のである，からだ」などは，話し手の判断を示して，談話に区切りをつける役割を果たすと考えてよいようである。だだし，このようなモーダルが談話の最後に頻繁に現われるかというと，必ずしもそうではないことが，上記の井上の調

査結果として報告されている。この問題についても，Inoue (1982) には論考があるが，これらの点を含めて，詳しくは同論文を参照されたい。

1.3.4. まとめ

1.3.節では，日本語に特有の結合要素について考察した。述語が文末に現われる構造上の特徴が，「という」による特徴的な結合の可能性を与えているのである。1.2.4.節の英文資料に見られる say や tell などによる結合とは比べ物にならないほど，「という」「のだ」「からだ」などが頻繁に用いられていることは注目に値する。

2. 情報構造

談話は，結合性を保ちながら，話し手が聞き手も知っていると考える情報（旧い情報）から，話し手が聞き手の知らない，あるいは意識していないと考える情報（新しい情報）へという流れに沿って構成されるのが一応標準であるとしてよい。本節では，まず情報構造の極小プログラムにおける位置づけについて考察し，情報構造で重要な役割を果たす談話の前提と焦点 (focus) について概説した上で，情報構造について詳しく述べる。

2.1. 情報構造の位置づけ

1.1.節で，談話文法が CP 領域に属すると仮定した。Rizzi (1997) では談話文法は CP の上の上層構造 (super structure) と位置づけられている。本書では，先にも述べたとおり，ForceP に等位接続文と従位接続文が可能な文型の中に加えられており，ゼロの接続詞を持つものが談話を構成していると仮定する。

CP は ForceP をインターフェイスとして意味に接し，FiniteP をインターフェイスとして TP に接している。そこでこの枠組みの中の何処

に情報構造を生成するメカニズムが備わっているかという問題が生じる。CP に属する TopicP も FocusP も情報構造なくしては解釈できない。後に述べるが，後置要素をもつ文や分裂文なども情報構造を自ら背負っていると考えなければ，それらの分布は説明できない。このような観点から，ここでは，情報構造は意味とのインターフェイスにおいて CP に与えられる意味情報と仮定し，この意味情報が CP および TP によって生成される統語情報と密接に関わり合うと考える。

2.2. 焦点と談話の前提

本節では，情報構造が依存する談話の前提と焦点について考察する。下記の (20)‒(22) においては c 文が談話の前提 (discourse presupposition) であり，a 文はこの前提に立つ疑問文である。そして，c 文中の something, did something, someone を充当した b 文の下線部が焦点である。

(20) a. What did John write?
b. John wrote a novel.
c. John wrote something.
(21) a. What did John do?
b. John wrote a novel.
c. John did something.
(22) a. Who wrote the novel?
b. John wrote the novel.
c. Someone wrote the novel.

2.3. 情報構造の捉え方

情報構造の捉え方には，「旧情報から新情報へ」「より旧い情報から省略していく」というように情報の流れという観点からのものと，情報を

構成する単位として，旧情報 (Old Information：OLD)，新情報 (New Information：NEW)，既知情報 (Known Information：KN) を設定し，それらの組み合わせによって文の情報構造を示すという観点からのものがある。前者を「情報の流れ論」，後者を「分析的情報構造論」と名づけることにする。

「情報の流れ論」は，久野 (1978) に始まり，省略順序に関する制約として研究が続けられている。(23) は久野の談話法規則の代表的なものである。

  (23) 省略順序の制約：省略は，より古い（重要度のより低い）インフォーメイションを表わす要素から，より新しい（より重要な）インフォーメイションを表わす要素へと順に行なう。
(同書 p. 15)

このように，情報の新旧を程度の問題と捉えている点がこの理論の特徴である。さらに，日本語では，新情報が述語の直前の要素によって担われるという一般的原則を同書で明らかにしている。

「分析的情報構造論」は，不連続な単位として情報を捉えている。すなわち，以下の単位が文の情報構造を構成すると考えるのである。

  旧情報：聞き手も知っている，あるいは意識していると話し手が想定している情報
  新情報：聞き手にとって未知であると話し手が想定している情報
  既知情報：事実，あるいは（多くの場合に聞き手を含まない）一定の人々が知っていると話し手が想定している情報

本書では，「分析的情報構造論」の立場を採る。

2.3.1. 焦点と情報構造

英語においては，焦点は強勢（stress）によって示される。例えば，(24 a) は主要強勢規則（Nuclear Stress Rule）により，文末に最も近い語の中の強勢母音（語強勢を与えられた母音）に文強勢が置かれたもの，(24 b) は文強勢が文頭の語の強勢母音に置かれたものである。(′は文強勢の置かれる母音に置く。)

(24) a. Mr. Kato published his autobiógraphy.
        OLD   NEW
     b. Mr. Káto published his autobiography.
        NEW   OLD

文強勢は焦点の中核をなすもので，文強勢を含む句およびそれを支配する句全体が焦点になりうる。(24 a) では，autobiography に文強勢があり，autobiography を中核とした his autobiography, published his autobiography が焦点になる。情報構造では焦点が新情報を担う。

一方 (24 b) では，旧情報である Mr. Kato に強勢が置かれて，これが次に述べる対照焦点として新情報を担うことになる。すでに述べたように標準的な日本語文では，動詞の直前の要素が焦点を担い，新情報を表わす。(25 a, b) は英語の (24 a) に対応する日本文であるが，(25 a, b) では，目的語の「自伝」，動詞句「自伝を出版しました」が新情報を担うのである。

(25) a. 加藤さんは，自伝を出版しました。
        OLD   NEW
     b. 加藤さんが　自伝を出版しました。
        NEW   NEW

(25) の a, b 文が示すように，英文 (24 a) には 2 つの解釈がある。

日本語では話題の「は」と主格の「が」の使い分けによって、話し手が聞き手も知っていると想定している情報について述べる文と、文全体を新情報として聞き手に提示する文とを区別することが出来る。このように「は」と「が」の意味分析も、文文法だけでは片付かず、談話を視野に入れなければならないのである。

2.3.2. 提示焦点と対照焦点

焦点には提示焦点（presentational focus）と対照焦点（contrastive focus）の区別がある。提示焦点は聞き手にとって未知の情報（新情報：NEW）を担う。既知情報（KN）は話し手あるいは一般の人に知られているが、聞き手には未知の情報である。したがって、聞き手にとっては新情報ということになる。対照焦点は、旧情報か既知情報が担うが、焦点とされたために新情報と解釈される。これが久野の総記（exhaustive listing）の意味をもつ文である。

焦点の分析には、Rochmont (1986)、Rochmont and Culicover (1990) が参考になる。Kiss (1998) は、本稿での提示焦点の一部を 'Informational focus'、対照焦点を 'Identificational focus' と呼び、これらに次の定義を与えている。

（ⅰ）Informational focus : what is not presupposed in a topic-focus (theme-rheme) structure.（話題—焦点構造の中で前提されていない部分）

（ⅱ）Identificational focus : expresses exhaustive identification.（総記を表わすと認められる部分）

Kiss は対照焦点に 'exhaustive identification' の意味を認めており、日本語分析における「総記」と通じるところがある。

以下の (26) は、久野 (1973) による中立叙述文である。提示焦点は中立叙述文の焦点になる。

(26) a. 伊藤さんが本を出版しました。　提示焦点：「伊藤さんが」
　　　　　　　　　　　　　　　　　　情報構造：<u>NEW</u>-NEW
　　　b. 今日貴方に<u>手紙</u>がきましたよ。　提示焦点：「手紙が」
　　　　　　　　　　　　　　　　　　情報構造：<u>NEW</u>-NEW

　(26 b) は中立叙述文の一種で，一般に現象文と呼ばれるものである。本書では，(26 a) を中立叙述文1（中叙1と略す），(26 b) を中立叙述文2（中叙2，現象文）として区別する。情報構造の中の下線は，主語および前置された要素の占める位置を示す。(26 a) の下線を施したNEWはその例である。このような下線付きの<u>NEW</u>と<u>OLD</u>は，修辞学でいう主題—説述関係（theme-rheme）の主題を表わす。(26 b) の中叙2に下線がない理由は，中叙2（現象文）は説述関係を表わさないと考えるからである。

2.3.3. 対照焦点

　対照焦点はOLDまたはKNで，話し手と聞き手が共有している情報（OLD）が存在して初めて成り立つ。したがって (26) (27 b) の情報構造を持つ。これらの文は，久野（前掲書）による「総記」（「すべての中でこれだけが」）の意味を表わす文である。

(27) <u>加藤さんが</u>議長です。　　　　対照焦点：「加藤さんが」
　　　　　　　　　　　　　　　　　情報構造：<u>OLD/KN</u>-OLD
(28) a. 昨日私に手紙が来たと思います。
　　　b. いや，<u>小包み</u>が来たのです。　対照焦点：「小包が」
　　　　　　　　　　　　　　　　　情報構造：<u>KN</u>-OLD

(28 b) の「小包」は旧情報ではないが，「手紙」との関連による類推可能なものであるが故にKNとして扱われ，「総記」の意味を担うのである。

2.4. 情報構造の役割

談話は結合性により意味のつながりを持つ単位をなす。それに加えて、情報を順調に伝達するためには、情報構造に配慮する必要がある。例えば、談話の冒頭に NEW-OLD の情報構造を持つ文を用いることはできない。なぜなら、話し手と聞き手が共有している情報（OLD）から談話を始めなければ、情報が順調に伝達出来ないからである。

2.5. 情報構造と統語構造の関係

統語研究には、基本的な文を生成するレベルと、基本文から要素の移動によって新しい文を派生するレベルがある。生成文法の初期理論では、疑問文、受動文など個々の文を基本文から派生する個別の変形規則を仮定していた。1970 年代後半から 80 年代初めにかけて、意味解釈規則にゆだねるものと構造変化を伴う規則を峻別し、後者を「α を移動させよ」（Move α）という規則に統一した。初期理論および 60 年代中期から 70 年代中期までのいわゆる標準理論において用いられてきた代名詞化変形規則、再起代名詞化変形規則などは、意味解釈規則として立て直されたのである。

本節で問題になるのは、移動変形と情報構造の関係である。

2.5.1. 要素の前置と後置

Ward and Birner（2001）は情報構造の詳細な分析の中で、項の移動を伴う受動化や左方転移、右方転移などと情報構造の関係を広く論じ、代用形式を残す左方転移、右方転移と、完全に切り取りを行う話題化などとの情報構造の違いについて論じている。本節では、情報構造を左右する"Move α"として、代用形式を残さずに要素を前置あるいは後置する規則を取り上げる。そして、原則として前置される要素は OLD を担うもの、後置される要素は NEW を担うものとする。

(29) a. A cat was sleeping in the bed.
　　 b. 猫がベッドで寝ていました。
(30) a. In the bed, a cat was sleeping.
　　 b. ベッドには，猫が寝ていました。

すなわち，ベッドが既にその談話に出てきているか (OLD)，聞き手も推し量ることができるものでなければ，(30) のように前置することはできない。

　話題も前置された要素であるが，これも OLD を担うものでなければならない。

(31) a. The textbook, I have asked my father to buy at the book market.
　　 b. 教科書は，お父さんに本屋で買ってくれるように頼みました。

(25 b) の動詞句を前置した擬似分裂文 (32) も OLD-NEW の情報構造を持っている。

(32) 自伝を出版したのは，加藤さんです。
　　　　 OLD　　　　　　 NEW

それに対して，後置されるものは，概して新情報である。

(33) a. A beautiful flower garden extends to the river bank.
　　　　 NEW（提示焦点）　　　　　　 NEW
　　 b. There extends a beautiful flower garden to the river
　　　　　　　　　　　　　　　　　　　 NEW
　　　　bank.

日本語では，述語の後ろに生起できるのは終助詞のみである。したがって英語のようにそれ以外の要素の述語の後ろへの後置は許されない。ただし，(34) のように，ポーズを置いて要素を後置することはできる。このような後置要素は別の文に属するものと仮定して，綿貫 (2008) は音声分析資料を用いて，この仮定の実証を試みている。

(34) 雪の降る中を銀座へ行ったのですか，あなたも。

2.3.1.節「焦点と情報構造」で述べたとおり，英語では文末の強勢母音に文強勢（sentence stress）が置かれ，それを含む句が焦点になり，焦点が動詞句全体に及ぶ可能性があるというのが一般則である。それにたいして，日本語では動詞の直前の要素が焦点になる。これを踏まえて神尾・高見 (1998) では，日英語の後置文の対照研究が行われている。この研究は統語構造にたいする機能面からのアプローチによるもので，次の 2 つの仮説を立てている。

(35) a. 英語の後置文に対する機能論的制約：英語の後置文は，後置要素がその文中で最も重要度の高い情報として解釈される場合にのみ適格となる。　　　　　（神尾・高見 (26)）
b. 日本語の後置文に対する機能論的制約：日本語の後置文は，後置要素がその文中で最も重要度の高い情報でない場合にのみ適格となる。　　　　　　　　　　　（同 (50)）

(35 a) の根拠として種々の例が挙げられているが，(36) はその 1 つである。

(36) a. Who did John buy a beautiful white sweater for?
b. He bought the beautiful white sweater for his wife.
c. *He bought for his wife the beautiful white sweater.

(同 (18))

(36 b) は問われている最も重要な情報である for his wife が文末に置かれており，(35 a) の条件を満たしている。それに対して，(36 c) は重要度の低い旧情報 the beautiful white sweater が文末に置かれ，(35 a) に抵触しているので，不適格文になっている。

日本語にたいする条件である (35 b) の根拠として次の例が挙げられている。

(37) a. 太郎は，花子と京都へ行ったの？
b. うん，(彼は) ∅ 京都へ行った。
c. *うん，(彼は) 花子と ∅ 行った。

(37 b) では，最も重要な情報である「京都へ」が残され，重要度の低い「花子と」が省略されており，(35 b) の条件にあっている。他方，(37 c) は重要度の低い「花子と」が残り，重要な情報「京都へ」が省略され，(35 b) の条件を満たしていない。ゆえに不適格文なのである。

2.5.2. 分裂文

下記の例文 (38) に見られるように，分裂文には2種類ある。(38 a) は分裂文，(38 b) は擬似分裂文と一般に呼ばれている。本節ではこれらの分裂文について考察する。さらに日本語には構造上分裂文が許されず，擬似分裂文だけが存在することを示し，英語の同構文と合わせて，それらの情報構造を提示する。

(38) a. It was a brand-new car that Mary bought from her brother. (It-Cleft)
b. What Mary bought from her brother was a brand-new car. (Wh-Cleft)

前述のとおり日本語では，述語の後ろに終助詞以外の要素を置くことができないのであるから，(38a) のようなタイプの分裂文は存在しない。(38b) は日本語の例文 (32) と同様な擬似分裂文 (39) になる。この種の分裂文は 'Wh-Cleft sentence' または 'Pseudo-Cleft sentence'（擬似分裂文）と呼ばれるものである。

(39) メアリーが兄から買ったのは，真新しい車だった。

2.5.2.1. 2種類の分裂文

Prince (1978) は (40) にあげる 2 種類の分裂文について論じている。

(ⅰ) Stressed Focus *It*-clefts (S-cleft)　　（強勢焦点をもつ分裂文）
(ⅱ) Informative-Presupposition *It*-clefts (I-cleft)
（情報―前提の分裂文）

(40) は (ⅰ) の，(41) は (ⅱ) の例文である。

(40) a. So I learned to sew books. They're really good books. It's just <u>the covers</u> that are rotten. (S-cleft)
(Prince (38a))
b. そこで私は本を綴じることを覚えた。それらは本当によい本だった。
腐っていたのは<u>表紙</u>だけだった。
(41) a. It is <u>for this reason</u> that Halle's argument against autonomous phonemics (Halle, 1959) is of such importance. (I-cleft)　　　　　　　　　　(Prince (44c))
b. ハレの自律音韻論に反対する意見がこれほど重要なのは，<u>こういう理由から</u>だ。

2.5.2.2. 分裂文の形式上の違い

2種の分裂文の形式上の違いは次のとおりである。

(42)

	強勢 that 節	強勢 焦点	削除 that	削除 that 節
S-cleft	弱	強	No	Yes
I-cleft	通常	通常	Yes	No

(42) で示されているとおり，強勢焦点をもつ分裂文 (S-cleft) は焦点に強勢が置かれ，that 節は弱強勢で削除できる。それにたいして，情報―前提の分裂文 (I-cleft) では焦点も that 節も通常の強勢をもち，that 節は削除できない。補文標識の that は，S-cleft では削除できないが，I-cleft では削除可能である。

次の (43) は 2 つの分裂文の情報構造を示したものである。

(43) 情報構造
  a. S-clefts：<u>NEW</u>-OLD   （下線部は対照焦点）
  b. I-clefts：<u>NEW</u>-KN   （下線部は提示焦点）

ここで，注意を要するのは，KN は話し手および一般に知られている情報であるが，聞き手には新しい情報，すなわち NEW であるという点である。

日本語の擬似分裂文 (39) とそれに対応する英文の情報構造は以下の通りである。

(39) メアリーが兄から買ったのは，真新しい車だった。
  <u>What Mary bought from her brother</u> was a brand-new car.
      OLD   NEW

以上のように統語構造にはそれぞれ情報構造が与えられている。そして，ある統語構造が談話の冒頭に現われうるかどうかについて，情報構造からの制約が強く働く。3.4.節では，談話の導入文に働く情報構造の制約を考察する。

3. 日本語の談話の特徴

1.1.節で見たように，日英語の文に与えられる情報構造は概ね共通である。それらを組み合わせて談話を構成する原理も，日英語のみならず各言語を司る普遍的なものと仮定して，以下の論考を進める。

まず，Inoue (1979, 1982) および Asano et al. (1979) の中で現在の研究の基礎になる部分を 3.1.節で概説する。

3.1. 談話の開始を司る基本的原理

2.節の冒頭で述べたとおり，情報の自然な流れは OLD から NEW への流れである。これを談話構成の原理 1 とする。

　　［談話構成の原理 1］：自然な情報の流れは OLD から NEW である。

次に，談話を開始する冒頭文にたいして，原理 2 が制約として働く。

　　［談話構成の原理 2］：談話の開始部において話題が確立されなければならない。

先に述べたように，OLD は聞き手も知っていると話し手が想定している情報である。話し手がこれを談話の話題とすることは自然なことである。しかし，これは聞き手によって談話の話題と認識されているわけではない。そこで，Asano などが主張する「話し手と聞き手が共通に

話題と認識しているかどうか (shared/non-shared)」という点が重要になる。

　　［談話構成の原理3］：談話の開始部分に聞き手が共有していない話
　　　　　　　　　　　　題を含んでいてはならない。
　　　　　　　　　　　　　　　　　　　　　(Asano et al. 1979, pp. 57-97)

3.2. 談話の冒頭文に関する調査

　Inoue (1979) は新聞の報道文や雑誌などの論説文から資料を集め，談話の冒頭文の日英語の比較実態調査をした。その結果が表1である。

表1　談話の冒頭に現われる文型 (Asano et al. 1979, p. 66)

		English	Japanese
1.	Pseudo-cleft sentences 擬似分裂文	0	0
2.	Cleft sentences 分裂文	2.5 %	—
3.	Non-restrictive relative clauses (NR-RC) in the initial NP 文頭の名詞句に含まれている非制限用法の関係詞節	0	50 %
4.	Subordinate conjunction+S 従属接続詞＋文	11.25 %	18.75 %
5.	Topic initial sentences 文頭に話題を持つ文	45 %	20 %

6.	Initial prepositional phrases (or adverbs with embedded S) 文頭の前置詞句（または埋め込み文を従える副詞）	31.25 %	3.75 %
7.	Initial appositive phrases 文頭の同格句	8.75 %	3.75 %
8.	Others その他	1.25 %	3.75 %

Inoue (1979) では，表1の1-3に関する以下の特徴に注目して，如何なる談話構成原理によりこれらが談話を開始する冒頭文として認可されるのか，認可されないのかという点を追及している。

(44) a. 日英両語において擬似分裂文は談話の冒頭に現われない。
（前ページの表では0）
b. 日本語には，述部の後ろに終助詞以外の要素の生起が許されないという構造上の制約のために，分裂文は存在しない。英語においても分裂文の使用頻度は極めて低い。
c. 談話の冒頭における非制限用法の関係詞節を含む名詞句の頻度は，日本語では全体の50％にも上るのに対して，英語ではこれが皆無である。

次にあげる (45) (46) のa文，b文は制限用法と非制限用法の関係詞節の例である。

(45) a. The student who visited you yesterday is one of my graduate students.　　　　　　　　　（制限用法）
b. Mr. Kato, who visited you yesterday, is one of my

friends. 　　　　　　　　　　　　　　　　　（非制限用法）
(46) a. 昨日君の事務所を訪ねた学生は，僕の大学院学生の一人なんだ。　　　　　　　　　　　　　　　　　（制限用法）
b. 加藤君は，昨日君の事務所訪ねたようだが，僕の友達の一人なんだ。　　　　　　　　　　　　　　　（非制限用法）

　制限用法の関係詞節は複数の指示対象の中から一定の対象に絞り（制限し），その名詞を主名詞（head noun）とする。非制限用法の方は，聞き手も知っている指示対象に対して情報を付け加える働きをする。英語ではコンマによって非制限用法を区別するが，日本語にはそのような形式上の標識はない。定名詞句を修飾していれば非制限用法，複数の対象からの絞込みの役割，例えば「多くの学生の中で勤労奉仕をしている学生たち」というような対象を制限する役割を果たしていれば制限用法である。日本語では，付加情報を与える非制限用法の関係詞節の頻度が談話の冒頭文において非常に高く，英語では全くないというのは，注目すべき点である。

　表1において，さらに目をひくのは，5の文頭に話題をもつ文が談話の冒頭に現われる確率は，英語では45％，日本語では20％であることである。次に，英語では7の文頭の同格句の頻度が日本語の倍以上である点も注目に値する。そこで，本稿においては，表1の1, 2, 3に加えて，日本語と英語との間で頻度の差の大きい5, 7を取り上げることにする。

3.3. 情報構造との関連

　表1の1, 2, 3, 5, 7にたいして，以下の情報構造を持つと仮定する。

(47) a.（表1-1）　OLD-NEW　　　擬似分裂文
b.（表1-2）　NEW-OLD　　　強勢焦点を持つ分裂文

			(S-cleft)
b′.		<u>NEW</u>-KN	提示焦点を持つ分裂文
			(I-cleft)
c.	（表1-3）	KN	非制限用法の関係詞節
d.	（表1-5）	<u>NEW</u>-KN	文頭に話題を持つ文（提示焦点としての主題が話題として確立した場合）
d′.		<u>OLD</u>-NEW	旧情報を担う話題を持つ標準的な文の情報構造
e.	（表1-7）	OLD or KN	文頭の名詞句に現れる同格名詞句

3.4. 談話の冒頭文と談話構成原理

　前節で示した情報構造の仮定だけでは，表1で取り上げた各文が冒頭文として現われる頻度の差を説明できない。本節では，如何なる談話構成原理が必要であるかについて考察する。

3.4.1. 擬似分裂文

　表1-1の擬似分裂文は <u>OLD</u>-NEW という［談話構成の原理1］に則した情報構造をもつにもかかわらず，日英語ともに冒頭文として許容しない。話し手が聞き手も承知していると判断している情報なのに何故このように制約されているのであろうか。それには［談話構成の原理2］が関わっている。

　　［談話構成の原理2］：談話の開始部において話題が確立されなければならない。

ただ旧情報を担うだけでは話題にならないということである。
　Rochemont (1986) は話題を確立するのに必要な場面設定要素

(scene setter) として次のものを上げている。

　　　(48) a. 出現を表わす動詞：appear, emerge, arise, etc.／来る，現れる，出る，など
　　　　　 b. 定まった指示対象をもつ一人称，二人称の代名詞：I, you, we／私，貴方，私達，など
　　　　　 c. 場所や時を表わす副詞：here, there, now, then／ここ，あそこ，今，あの時，など
　　　　　 d. 予期される，繰り返しおこる，あるいはよく知られている談話の筋書き

(48 a) の出現を表わす動詞は，前述のとおり中立叙述文および現象文において主語を提示焦点とする。これらの動詞は話題を確立するのにも役立つとしているのである。例えば，(49) において確かに主語「乗客が」は提示焦点である。

　　　(49) 乗客が２，３人降りて行きました。

しかし，これによって話題が確立されたとは言いがたい。場所を表わす「横浜駅に着くと」を用いた (50) によって初めて話題が決まったという感じがする。

　　　(50) 横浜駅に着くと乗客が２，３人降りて行きました。

特に，直示的な here, there,「ここ」,「あそこ」などは話し手と聞き手にとって共有情報である。また，一般によく知られている地名，例えば，New York, London, Paris, Hongkong, 英国，日本，中国，東京，大阪，札幌などは，共有情報として場面設定に大いに役立つ。
　次に，直示的な now, then,「今」,「あの時」はもちろん，時を表わ

す副詞は，間違いなく話し手と聞き手が共有している情報である。例えば，大学での授業初めに教授は，(51 a) のような決まり文句を使うことが多いが，この場合にも時の副詞を用いた (51 b) の方が話題として落ち着きがよい。

(51) a. 最初に公害の問題を取り上げます。
b. 今日は最初に公害の問題を取り上げます。

［まとめ］OLD-NEW をもつ擬似分裂文が日英語の談話の冒頭文として現われないのは，しかるべき場面設定要素を伴っておらず，話題が確立していないからである。つまり原則 2 の違反なのである。

3.4.2. 分裂文

表 1-2 の分裂文はいずれも，NEW を主題としている。したがって 3.1.節で上げた基本的原理 1，2，3 に違反する文である。日本語では，そもそも分裂文自体が構造として許容されていないのであるから当然のことである。英語でも 2.5％という低い頻度である。提示焦点を持つ分裂文（I-cleft）が辛うじて許されているという状況である。

以上のように，分裂文に関しては情報構造のみを手がかりにその出現可能性を説明できる。

3.4.3. 非制限用法の関係詞節

先に述べたとおり，新情報のみならず聞き手も知っているかもしれない情報をも，「一般に知られている情報」として話題を確立するための場面設定に用いるという手法は，報道文には欠かせない統語手段である。表 1 の資料は 30 年も前のもので，現在の報道文では，表 1-d の主題─賓述文の頻度が高くなっている。しかし，非制限用法の関係詞節の頻度も低くなっているとは言えない。次の例は手元にある新聞から引い

たものである。

(52) a. 全米で三百二十万人のメンバーを抱える民主党系の草の根組織「ムーブ・オン」は一日，オバマ上院議員を大統領候補として支持すると発表した。　KN（日経 2008 年 2 月 3 日）
b. 子会社が輸入した中国製ギョウザで中毒が起きた日本たばこ産業（JT）…　　　　　　KN（朝日 2008 年 2 月 3 日）
c. 北朝鮮を訪れていた米国務省のソン・キム朝鮮部長が 2 日，北京に到着した。　KN（朝日 2008 年 2 月 2 日）
e. 米マイクロソフトから買収提案を受けた米ヤフーの株価は一日，…　　　KN（日経 2008 年 2 月 2 日）
f. マンガ，アニメ，ゲームに代表される日本のポップカルチャーが世界的な注目を集めている。
　　　　　　　　　　　　　　　KN（日経 2008 年 2 月 2 日）

前述したように，KN は聞き手にとっては NEW である。

3.4.4. 文頭に話題を持つ文

2.3.1.節の英文（24 a）に対応する日本文は，(25) の a 文と b 文である。

(24) a. Mr. Kato published his autobiography.
(25) a. 加藤さんは，自伝を出版しました。　　（OLD-NEW）
　　 b. 加藤さんが自伝を出版しました。　　（NEW-NEW）

　3.2.節の表1によれば，文頭に話題を持つ文は，英語では 45％ の頻度を示しているが，日本語ではその半分以下の 20％ である。その差は，日本語とは違い英文には，(25) の a 文と b 文の差がないために，適当な場面設定要素があれば，話題の解釈が与えられるからと考えられる。

いずれにしても，文頭に話題になることが出来る要素が現われてもそれが直ちに談話の話題になるわけではない。(52)の例を見ても，「1日，2日」というように場面設定要素を伴って初めて談話の話題になりうるのである。

(25 b) と同じく NEW‐NEW の情報構造を持つ文のなかでも，存在・出現を表わす「現われる，来る，出る」(appear, emerge, arise) などの場面設定要素によって支えられる (53) のような文は，談話の冒頭文として許容される。

(53) Thousands of walruses have <u>appeared</u> on Alaska's northwest coast in what conservationists are calling a dramatic consequence of global warming melting the Arctic sea ice.
(*Japan Times* Oct. 8, 2007)
（自然環境保護論者の言う地球全体の劇的な温暖化により北極海の氷が溶けているために，数千頭のセイウチがアラスカの北西海岸に現われた。）

3.4.5. 文頭に同格句を持つ文

先に，英語において同格句の頻度が日本語の倍以上であることに注目した。(54)の下線部は同格句である。

(54) a. <u>Softbank Hawks manager</u> Sadaharu Oh hinted Friday that he will return to the club next year for his 14th season as manager. (*Japan Times* Oct. 8, 2007)
b. Prince William, <u>second in line to the British throne</u>, said Saturday he was "deeply saddened" by news that his mentor from army officer training school had been killed in action in Afghanistan. (*Japan Times* Oct. 8, 2007)

上の例に見られるように，英語の同格句は主名詞の前にも後にも置かれる。日本語は主要部後置の言語であるから，(54 b)のような同格句の後置は見られない。そして，Inoue (1979) の資料が示すところによると，日本語の同格句の頻度は余り高くない。しかし，(55)のような例が珍しくないことも事実である。

(55) a. 日本向けの食品の輸出基地の中国・青島

(朝日 2008 年 2 月 2 日，夕刊)

b. 米著名投資家のカール・アイカーン氏は一日，同氏が少数株主となる米携帯電話機大手のモトローラに対し，……

(日経 2008 年 2 月 2 日)

c. 司法試験合者を 3 千人に増やす政府の計画について……

(朝日 2008 年 2 月 3 日)

(55 b)には同格句が 2 個含まれている。(55 c)は同格節の例である。

Asano et al. (1979) には英語の同格句と非制限用法関係詞節の違いに関して，興味深い観察がある。(56)は同格句，(57)は非制限用法の関係詞節の例である。

(56) a. Tom, a well-trained linguist, believes that a language is not a system.
　　 b. ?Tom, a well-trained linguist, played tennis.
(57) a. Tom, who is a well-trained linguist, believes that a language is not a system.
　　 b. Tom, who is a well-trained linguist, played tennis.

(Asano et al. (1979), (24)‐(29))

名詞句は同格句によって制限を受け，それに合った述部を必要とする。たとえば，(56)(57)では，「十分に訓練された言語学者」に相応しい

行為を表わす述部をもつ文でなければ，許容度が落ちるというわけである。その意味で（56 a）の「言語が体系であると信じている」という述部は，適格なのであるが，全く関係の無い「テニスをした」という述部は適格性が落ちる。(57) は，非制限用法の関係詞節にはそのような制限のないことを表わしている。

3.5. まとめ

3.2.節で扱った「という」を用いた中間話法文が談話の結合性を保ちながら，談話の本体の話題の展開に役立つことを述べた。談話の本体に見られる「話題転換のメカニズム」などについても Inoue (1982) ではかなり研究が進んでいたが，本書では紙数の関係で扱うことが出来なかった。

従来，文文法の中で，厳密な議論をせずに用いられてきた「話題」「焦点」など意味論との接点の問題は，Rizzi などによる CP の内部構造にたいする精密な研究によりその位置づけが明確になった。これを受けて本書では，談話という構造単位を射程に入れ，情報構造を意味とのインターフェイスとしての CP に与えられる情報と仮定し，談話構成法と情報構造の関係，情報構造と統語構造との関係についても考察することにより，この仮定の根拠を示すことができた。

日本語の談話の特徴については，談話の冒頭文に関する研究を基にした議論に集中したが，談話の本体においても，新しいパラグラフの開始部に同じような制約が加わるので，この点は許容できるのではないかと考えた。ただし，談話の本体に関する研究はまだ不十分であることは認めざるを得ない。

参考文献

(1) 生成文法理論

Alexiadou, Artemis and Elena Anagnostopoulou. 1998. "Parametrizing AGR, Word Order, V-movement and EPP-checking," *Natural Language and Linguistic Theory* 16: 491-539.
―――. 2001. "The Subject-in-situ Generalization and the Role of Case in Driving Computations," *Linguistic Inquiry* 32, 193-232.
Bach, Emmon. 1964. *Introduction to Transformational Grammar*. New York: Holt, Rinehart.
Bach, Emmon and Robert Harms. 1968. *Universals in Linguistic Theory*. Holt, Rinehart and Winston.
Bouchard, Denis. 2001. "The Concept of 'universal' and the Case of Japanese," *Lingua* 111, 247-277.
Bresnan, Joan. 1972. *Theory of Complementation in English Syntax*. Doctoral dissertation, MIT.
Chomsky, Noam. 1955. *Logical Structure of Linguistic Theory*. mimeographed, Harvard. [Published by Plenum, 1975 (in part)]
―――. 1956. "Three Models of Linguistic Structure," I.R.E., *Transactions on Information Theory*, IT-2, 113-124.
―――. 1957. *Syntactic Structures*. The Hague: Mouton & Co.
―――. 1962. "Transformational Approach to Syntax," *Third Texas Conference on Problems of Linguistic Analysis in English*, ed. by A. A. Hill, 124-158. University of Texas.
―――. 1965. *Aspects of the Theory of Syntax*. MIT Press.
―――. 1970. "Remarks on Nominalizations," *Readings in English Transformational Grammar*, ed. by R. A. Jacobs and P. S. Rosenbaum, 184-221. Ginn and Company, Waltham.
―――. 1973. "Conditions on Transformations," *A Festschrift for Morris Halle*, ed. by S. R. Anderson and P. Kiparsky, 232-286. Holt, Rinehart and Winston.
―――. 1977. "On *Wh*-movement," *Formal Syntax*, ed. by P. W. Culicover, T. Wasow, and A. Akmajian, 71-132. Academic Press.

――――. 1981. *Lectures on Government and Binding*. Dordrecht, Holland: Foris.
――――. 1986a. *Barriers*. MIT Press.
――――. 1986b. *Knowledge of Language: Its Nature, Origin, and Use*. New York: Praeger.
――――. 1993. "A Minimalist for Linguistic Theory," *The View from Building 20: Essays on Linguistics in Honor of Sylvain Bromberger*, ed. by K. Hale and S. J. Keyser, 1-52. MIT Press.
――――. 1995. *The Minimalist Program*. MIT Press.
――――. 2000. "Minimalist Inqueries: The framework," *Step by step: Essays on Minimalist Syntax in Honor of Howard Lasnik*, ed. by R. Martin, D. Michaels, and J. Uriagereka, 89-115. MIT Press.
――――. 2001. "Derivation by Phase," *Ken Hale: A Life in Language*, ed. by M. Kenstowicz, 1-52. MIT Press.
――――. 2002. *On Nature and Language*. Cambridge University Press.
Emons, Joseph. 1970. *Root and Structure Preserving Transformations*. MIT Press.
Endo, Yoshio. 2007. *Locality and Information Structure*. John Benjamins Publishing Company.
Fillmore, Charles J. 1962. "Indirect Object Constructions in English and the Ordering of Transformations," *Ohio State University Project on Syntactic Analysis* No. 1, Columbus, Ohio.
――――. 1963. "The Position of Embedding Transformations in a Grammar," *Word* 1, 208-231.
――――. 1968. "The Case for Case," *Universals in Linguistic Theory*, ed. by E. Bach and R. Harms, 1-90. Holt, Rinehart and Winston.
Grimshaw, Jane. 1990. *Argument Structure*. MIT Press.
Gruber, Jeffrey S. 1965. *Studies in Lexical Relations*. Doctoral dissertation, MIT.
Gutwinski, W. 1976. *Cohesion in Literary Texts: A Study of Some Grammatical and Lexical Features of English Discourse*. The Hague: Mouton.
Hale, Ken. 1980. "Remarks on Japanese Phrase Structure: Comments on the Papers on Japanese Syntax," *MIT Working Papers in Linguistics* Vol. 2, ed. by Y. Otsu and A. Farmer, 185-203.
――――. 1996. "On Argument Structure and the Lexical Exprssion of Syntactic Relations," *The View from Building 20: Essays on Linguistics in Honor of Sylvain Bromberger*, ed. by K. Hale and S. J. Keyser, 53-109. MIT Press.

Halle, Morris and Alec Marantz. 1993. "Distributed Morphology and the Pieces of Inflection," *The View from Building 20: Essays in Honor of Sylvain Bromberg*, ed. by K. Hale and S. J. Keyser, 111-176. MIT Press.
Halliday, M. A. K. and R. Hasan. 1976. *Cohesion in English*. Longman.
Harris, Zellig S. 1959. "Co-occurrence and Transformation in Linguistic Structure," *Language* 33, 283-340.
Jackendoff, Ray. 1972. *Semantic Interpretation in Generative Grammar*. MIT Press.
―――. 1990. *Semantic Structures*. MIT Press.
Katz, J. and Paul Postal. 1964. *An Integrated Theory of Syntax*. MIT Press.
Kayne, Richard S. 1994. *The Antisymmetry of Syntax*. MIT Press.
Kiss, Katalin E. 1998. "Identificational Focus vs. Information Focus," *Language* 74, 245-273.
―――. 2002. "The EPP in a Topic-Prominent Language," *Subjects, Expletives, and the EPP*, ed. by P. Svenonius, 107-124. Oxford University Press.
―――. 2003. "Argument Scrambling, Operator Movement, and Topic Movement in Hungarian," *Word Order and Scrambling*, ed. by S. Karmi, 23-43. Malden, Mass.: Blackwell Publishing Ltd.
―――. 2008. "Free Word Order, (Non) configurationality, and Phases," *Linguistic Inquiry* Vol. 39, No.3, 441-475.
Lakoff, George P. 1965. *On the Nature of Syntactic Irregularity*. Holt, Rinehart & Winston.
―――. 1971. "On Generative Semantics," *An Interdisciplinary Reader, Philosophy, Linguistics, Anthropology and Psychology*, ed. by D. D. Steinberg and L. A. Jakobovits, 232-296. Cambridge University Press.
Lees, Robert. 1960. *The Grammar of English Nominalizations*, The Hague: Mouton.
Li, Charles and Sandra Thompson. 1976. "A New Typology of Language," *Subject and Topic*, ed. by C. Li, 457-489. Academic Press.
Mahajan, Anoop K. 1989. "On the A/A′ Distinction: Scrambling and Weak Crossover," ms., MIT.
Marantz, Alec. 1984. *On the Nature of Grammatical Relations*. MIT Press.
―――. 1991. "Case and Licensing," *Proceeding of the Eighth Eastern States Conference on Linguistics*, ed. by G. Westphal, B. Ao, and H. -R. Chae, 234-252. Ohio State University.
Martin, J. R. 2001 "Cohesion and Texture," *The Handbook of Discourse Analysis*, ed. by D. Schiflin, D. Tannen, and H. E. Hamilton, 35-53

(Chapter 2). Blackwell.
May, Robert. 1977. *The Grammar of Quantification*. Doctoral dissertation, MIT.
―――. 1985. *Logical Form*. MIT Press.
Pesetsky, David. 1987. "WH-in-situ: Movement and Unselective Binding," *The Representation of (In) definites*, ed. by E. Reuland and A. G. B. ter Meulen, 98-129. MIT Press.
Postal, Paul M. 1971. *Cross-over Phenomena*. Holt, Rinehart & Winston.
Prince, Ellen. 1978. "A Comparison of *Wh*-clefts and *It*-clefts in Discourse," *Language* 54, No. 4, 883-906.
Pustejovsky, James. 1995. *The Generative Lexicon*. MIT Press.
Rizzi, Luigi. 1990. *Relativized Minimality*. MIT Press.
―――. 1997. "The Fine Structure of the Left Periphery," *Elements of Grammar*, ed. by L. Haegeman, 281-338. Dordrecht: Kluwer Academic Publishers.
―――. 2004. "Locality and Left Periphery," *Structures and Beyond: The Cartography of Syntactic Structures*, Vol. 3, ed. by A. Belletti, 223-251. Oxford University Press.
―――. 2009a. "The Cartography of Syntactic Structures: Locality and Freezing Effects on Movement." Unpublished.
―――. 2009b. "On the Study of Language as a Cognitive Capacity: Results and Perspectives." Unpublished.
―――. 2009c. "Some Consequences of Criterial Freezing." Unpublished.
Rochemont, Michael S. 1986. *Focus in Generative Grammar*. John Benjamin Publishing Co.
Rochemont, Michael S. and Peter W. Culicover. 1990. *English Focus Constructions and the Theory of Grammar*. Cambridge University Press.
Rosenbaum, Peter S. 1967. *The Grammar of English Predicate Complement Constructions*. MIT Press.
Ross, John R. 1967. *Constraints on Variables in Syntax*. Doctoral dissertation, MIT.
―――. 1986. *Infinite Syntax!* Norwood, New Jersey: Ablex Publishing Incorporation.
Saussure, Ferdinand de. 1916. *Cours de linguistique générale*. Paris: Payot.
Ward, Gregory and Betty J. Birner. 2001. "Discourse and Information Structure," *The Handbook of Discourse Analysis*, ed. by D. Schflin, D. Tannen, and H. E. Hamilton, 119-137 (Chapter 6). Blackwell.

（2）生成日本語文法

Asano, Akiyo, Ryuichi Washio, and Kunihiko Ogawa. 1979. "Some Aspects of Discourse-Initial Sentences,"研究報告『日本語の基本構造に関する理論的・実証的研究』国際基督教大学. 57-97.

遠藤喜雄. 2009.「話し手と聞き手のカートグラフィー――南（1974）との接点」『言語科学研究』第15号, 1-24. 神田外語大学大学院.

―――. 2008.「普遍的な統語構造地図における日本語の終助詞」科研費研究報告書『文の語用機能と統語論――日本語の主文現象からの提言（1）』（研究代表者：長谷川信子）, 37-62. 神田外語大学.

―――.（未公刊）「主語のカートグラフィー」神田外語大学言語科学研究センター.

Farmer, Ann K. 1980. *On the Interaction of Morphology and Syntax*. Doctoral dissertation, MIT.

藤巻一真. 2005.「日本語の3項動詞の慣用句について」『東京国際大学論叢』東京国際大学コミュニケーション学部編, 創刊号, 69-80.

Fukui, Naoki. 1986. *A Theory of Category Projection and Its Applications*. Doctoral dissertation, MIT.

原田信一. 1977a.「日本語に変形は必要だ」『月刊言語』10月号, 88-95.

―――. 1977b.「日本語に変形は必要だ（続）」『月刊言語』11月号, 96-103.

長谷川信子（編）. 2007a.『日本語の主文現象』ひつじ書房.

―――. 2007b.「1人称の省略――モダリティとクレル」長谷川信子（編）『日本語の主文現象』331-369. ひつじ書房.

Hoji, Hajime. 1985. *Logical Form Constraints and Configurational Structures*. Doctoral dissertation, University of Washington.

Inoue, Kazuko. 1964. *A Study of Japanese Syntax*. Doctoral dissertation, University of Michigan.

―――. 1969. *A Study of Japanese Syntax*. The Hague: Mouton.

井上和子. 1976a.『変形文法と日本語：上・統語構造を中心に』大修館書店.

―――. 1976b.『変形文法と日本語：下・意味解釈を中心に』大修館書店.

―――. 1978a.『日本語の文法規則』大修館書店.

Inoue, Kazuko. 1978b. "'Tough' Sentencs in Japanese," *Problems in Japanese Syntax and Semantics*, ed. by J. Hinds and I. Howard 122-154. Tokyo: Kaitakusha.

―――. 1979. "A Study of Discourse Initial Sentences,"研究報告『日本語の基本的構造に関する理論的・実証的研究』国際基督教大学, 37-56.

―――. 1982a. "An Interface of Syntax, Semantics, and Discourse Structures," *Lingua* 57, 259-300.

―――. 1982b. "Transformational vs. Lexical Analysis of Japanese Complex Predicates," *Linguistics in the Morning Calm*, ed. by The Linguistic Society of Korea, 379-412. Hanshin Publishing Company.

―――. 1990.「日本語のモーダルの特徴」井上和子（編）『研究報告（6A）『日本語の普遍性と個別性に関する理論的実証的研究』, 11-35. 神田外語大学.

―――. 1998. "Sentences Without Nominative Subjects," *Report (2): Researching and Verifying an Advanced Theory of Human Language*, ed. by K. Inoue, 1-29. Kanda University of International Studies.

―――. 2000. "Functions of Derivational Affixes," *Report (4): Researching and Verifying an Advanced Theory of Human Language*, ed. by K. Inoue, 297-339. Kanda University of International Studies.

―――. 2005. "Free Constituent Order and the Subject," *Scientific Approaches to Language*, No. 4, 81-132.

―――. 2007.「日本語のモーダルの特徴再考」長谷川信子（編）『日本語の主文現象』227-260. ひつじ書房.

―――. 2009.「現象文とその周編」長谷川信子（編）*Scientific Approaches to Language*, No.8. 神田外語大学言語科学研究センター.

勇　康雄. 1994-95.「日本語の構造」『英語教育』Vol. XIII, No.8-No.12; Vol. IV, No.1-No.3.

影山太郎. 1993.『文法と語形成』ひつじ書房.

―――. 1996.『動詞意味論』くろしお出版.

Koizumi, Masatoshi. 1995. *Phrase Structure in Minimalist Syntax*. Doctorial dissertation, MIT.

神尾昭雄・髙見健一. 1998.『日英語比較選書（2）：談話と情報構造』研究社出版.

Kuno, Susumu. 1973. *The Structure of the Japanese Language*. MIT Press.

久野　彰. 1973.『日本文法研究』大修館書店.

―――. 1978.『談話の文法』大修館書店.

Kuroda, Shige-Yuki. 1965. *Generative Grammatical Studies in the Japanese Language*. Doctoral dissertation, MIT.

―――. 1970. "Remarks on the Notion of Subject with Reference to Word like *also, even* or *only*," Part II. *Annual Bulletin*, Research Institute of Logopedics and Phoniatrics, University of Tokyo 4, 127-152. Reprinted in *Papers in Japanese Linguistics* 11, 121-157.

―――. 1972. "The Categorical and the Thetic Judgment," *Foundation of Language* 9, 153-185.

———. 1978a. "Case Marking, Canonical Sentence Patterns, and Counter Equi in Japanese (A preliminary survey)," *Problems in Japanese Syntax and Semantics*, ed. by J. Hinds and I. Howard, 30-51. Tokyo: Kaitakusha.

———. 1978b. "On Japanese Passives," *Explorations in Linguistics: Papers in Honor of Kazuko Inoue*, ed. by G. Bedell, E. Kobayashi, and M. Muraki, 305-347. Tokyo: Kenkyusha.

———. 1986. "Movement of Noun Phrases in Japanese," *Issues in Japanese Linguistics*, ed. by T. Takami and M. Saito, 229-271. Foris.

———. 1988. "Whether We Agree or Not," *The Second International Workshop on Japanese Syntax*, ed. by W. Poser, 103-143. Stanford, Calif.: CSLI Publications.

三原健一. 1990.「多重主語構造について」『日本語学』7, 66-76.

Miyagawa, Shigeru. 1984. "Blocking and Japanese Causatives," *Lingua* 64, 177-207.

———. 1989. "Causative Verbs and the Lexicon," *New Direction in Japanese Linguistics*, ed. by S. Kuno and M. Shibatani, Tokyo: Kuroshio.

———. 2001. "The EPP, Scrambling, and *wh*-in-situ," *Ken Hale: A Life in Language*, ed. by M. Kenstowicz, 293-338. MIT Press.

———. 2005. "On the EPP," *Perspectives on Phase, MIT Working Papers in Linguistics* 49, ed. by M. McGinnis and N. Richards, 201-236.

Muraki, Masatake. 1974. *Presupposition and Thematization*. Tokyo: Kaitakusha

Nakau, Minoru. 1973. *Sentential Complementation in Japanese*. Tokyo: Kaitakusha.

Nishigauchi, Taisuke. 1990. *Quantification in the Theory of Grammar*. Kluwer Academic Publishers.

仁田義雄. 1979.「日本語文の表現類型」『英語と日本語と』, 287-306. くろしお出版.

Ostler, N. D. M. 1980. "A Non-Transformational Account of Japanese Case-Marking and Inflection," *MIT Working Papers in Linguistics Vol. 2: Theoretical Issues in Japanese Linguistics*, ed. by Y. Otsu and A. Farmer, 63-91. Department of Linguistics and Philosophy, MIT.

Saito, Mamoru. 1982. "Case Marking in Japanese: A Preliminay Study," Unpublished. MIT.

———. 1992. "Long Distance Scrambling in Japanese," *Journal of East Asian Linguistics*, 69-118.

Saito, Mamoru and Hajime Hoji. 1983. "Weak Crossover and Move-*α* in Japanese," *Natural Language and Linguistic Theory* 1, 245-259.

Shibatani, Masayoshi. 1973. "The Semantics of Japanese Causativization," *Foundation of Language* 9: 327-373.

―――. 1976. "Causativization," *Syntax and Semantics V: Japanese Generative Grammar*, ed. by M. Shibatani, 239-294. Acadmic Press.

柴谷方良. 1978.『日本語の分析』大修館書店.

Takezawa, Koichi. 1987. *A Configurational Approach to Case-marking in Japanese*. Doctoral dissertation, University of Washington.

Tada, Hiroaki. 1992. "Nominative objects in Japanese," *Journal of Japanese Linguistics* 14, 91-108.

Ueda, Yukiko. 2002. *Subject Positions, Ditransitives, and Scope in Minimalist Syntax: A Phase-based Approach*. Doctoral dissertation, Kanda University of International Studies.

上田由紀子. 2007.「日本語のモダリティの統語構造と人称制限」長谷川信子（編）『日本語の主文現象』261-294. ひつじ書房.

Ura, Hiroyuki. 1996. *Multiple Feature Checking: A Theory of Grammatical Function Splitting*. Doctorial dissertation, MIT.

―――. 1999. "Checking Theory and Dative Subject Constructions in Japanese and Korean," *Journal of East Asian Linguistics* 8, 223-254.

―――. 2000. "Checking Theory and Grammatical Functions in Universal Grammar," *Oxford Studies in Comparative Syntax*, ed. by R. Kayne, 180-229. Oxford University Press.

吉村紀子. 2007.「『が』・『の』交替を方言研究に見る」長谷川信子（編）『日本語の主文現象』189-223. ひつじ書房.

Watanabe, Akira. 1992. "Subjacency and S-structure Movement of *wh*-in-situ," *Journal of East Asian Linguistics* 1, 255-291.

綿貫啓子. 2006.「イントネーション構造からみた日本語の後置文」第20回日本音声学会全国大会予稿集, 177-182.

索　引

【あ】

アメリカ学派　5-6,8-10
アメリカ構造言語学　5
依存関係　13
1人称主語　104,122-123
1人称の省略　121
1人称目的語　122
一文一格の制約　24,26,85
一格一文の原理　24,26,85
一致（agreement）　56
一致句（agreement phrase, AgrO Phrase）　109-110
一致現象　63
一致素性　90,92
　　──照合　84
一致優位（Agreement-Prominent）89-91
移動（move）　79
移動変形規則　28,45,87
意味解釈　4,23,48
　　──規則　153
意味格　24
意味関係の記号化　85
意味と文法論との接点（interface）　48
意味役割　24
インターフェイス　147
演繹的研究手法　13
演算　79
演算子（operator）　29,69

　　──と変項　67
音韻形式（Phonological Form：PF）　78

【か】

カートグラフィーによる接近法（cartographic approach）　91
回帰的機能（recursive function）　9
外項（external argument）　94
解釈意味論　20,28,41
解釈可能性（interpretability）　78
解釈規則　45
概念─意図の接点（the conceptual-intentional (C-I) interface）　83
下位分類　19
「が」格主語　91,96
書き出し（spell-out）　83
かき混ぜ規則　45,67,69,87
格吸収　94
格構造　25
格照合　111
格助詞　85
格助詞付与変形規則　17,19
格素性（Case feature）　87
　　──の照合　112
拡大投射原理（Extended Projection Principle：EPP）　58,83-84,93
拡大標準理論（Extended Standard Theory：EST）　4,19,27
格の照合　108
格の枠（Case Frame）　26

格付与 21,56,60,67
 ——規則 46,62
格付与変形規則 21
核文（kernel sentence） 12
格文法（Case Grammar） 22,24
格理論（Case theory） 26,56
下接（subjacent） 34
 ——の条件 31
活用接辞 117
可能文 109,110
かぶせ配列（superimposition） 85
「から」格主語 94-96
 ——文 96
感覚文 103
関係詞（relative：R） 129
関係詞節
 制限用法の—— 161-162
 非制限用法の—— 161-162,165,168
間接疑問文 35
感嘆詞（exclamation：Excl） 129
＋聞き手（＋hearer） 128
擬似分裂文（Pseudo-Cleft sentence） 49,154,156-157,161,163
擬似モーダル 115,117,119
基準位置（criterial position） 129
基準に関わる要素の凍結（criterial freezing） 130
既知情報（Known Information：KN） 149,151
機能辞主要部 112
機能素性 112
 ——照合 112
機能範疇（functional category） 59,62,108,112,123
機能文法（Functional Grammar） 48
機能論的制約 155
義務変形（obligatory transformational rules） 13
疑問（question：Q） 129

疑問詞（wh-語） 29,42,60,69
 ——移動 15,34,67,70,72,74
 ——疑問文 34
 ——句 29
 ——の作用域 72
 ——の島（wh-island） 34,71
 ——の島の制約 74
 ——のスコープ 64
疑問素性 74
疑問要素（Q-element） 72
疑問要素「か」 73
客観性 13
客観的記述文 139-141
旧情報（Old Information：OLD） 47,147,149
境界節点（bounding node） 31,34
境界理論（bounding theory） 54
強制使役文（coercive causative sentence） 45
狭統語論（narrow syntax） 5,47
極小プログラム（Minimalist Program） 4,78,108,77
局所性 64
空演算子（null operator） 36
空主語構造 66
空主語の位置 62
空所（gap） 34
句構造規則（Phrase Structure Rules） 12,79
句構造文法 7-8,11-12
屈折接辞（inflectional affix） 60
繰り上げ文 109-111
繰り上げ変形（raising） 40
経験者 24
経済性（economy） 77
形式 5
形式化（formalize） 9,16
形式素性（formal feature） 79
形態音韻変化 60
形態部門 60
形態論 107

索　引

結合（merge）79,142
結合性（cohesion）136
　　　語彙による——　141
　　　話題による——　142
結合要素　146
原形（root form）124
言語運用（performance）15
言語獲得　8,10-11
言語獲得装置（language acquisition device）15
言語使用　3
言語処理（parsing）85
言語の「事実を示す」用法（Categorical Judgment）48,92
言語の「話者の状態を表現する」用法（Thetic Judgment）48,92,103
言語能力（competence）3,6,15
　　　——の脳内基盤　3
言語の生得説　8
言語の多様性　51
言語の普遍性　51
現象文　91-92,102-107,124-125
　　　——の時制　105
　　　——の主語　104
原理とパラメータ接近法　18,78,107
原理とパラメータ理論　4,51-52
語彙概念構造　107
語彙主部（lexical head）30
語彙範疇（lexical category）59
語彙部門　59
語彙文法（lexical grammar）49
語彙前の構造　22-23
項　58
項-移動　68,75
　　　非——　75
項構造（argument structure）59,85,107
交差現象　64
交差の制約（cross-over constraint）37
構成素統御（constituent command：c-command）37,78
構成的（configurational）85
　　　——な接近法　46
　　　——言語　64
構造格の付与　63
構造記述　13
構造上の曖昧性　8,11
構造変化　13
構造保持　15
後置詞句（inherent case）18
後置文　155
個別文法（grammars of individual languages）15
固有格　18,66,102
固有格助詞　101
根源的（root）128
根源的な意味　128
痕跡（trace：t）28
コントロール構造　40
コントロール文　109-111
コントロール理論　57

【さ】

再帰形式の先行詞　95-96,102
再帰代名詞　20
再帰適用　16
削除変形（deletion）47
作用域（scope）60
　　　否定辞の——　89
指示　136
事象構造　107
時制辞　109,125
時制辞句（TP）80
　　　——の指定部（TP-Spec）63,90,93
時制の分化　116
時制文　33
指定主語（文）32
指定部　27,80
　　　——と主部（Spec-head）57
史的言語学　5

島 15
弱交差（weak cross-over） 67,70
自由語順 83-84
　　──現象 67
　　──の言語 86-87
終助詞 127,145
　　──の移動 127
　　──の分析 126
従位接続文 12
主格一致句（AgrS） 110
主格主語を持たない文 94-95
主格照合 112
主格素性 112
　　──の照合 108
主格の「が」 151
主観的記述文 139,140
主語 67,93-94
　　意味上の──（SubjP：Subject Phrase） 97
主語・話題非優位（Neither Subject-Prominent nor Topic-Prominent） 89
主語・話題優位（Subject-Prominent and Topic-Prominent） 89
主語化 66
　　──規則 21,25,100
主語基準（subject criterion） 130
主語焦点句 130
主語としての基準（subject criterion） 125
主語に対する尊敬表現 95-96,102
主語の「が」 65
主語の位置 84,97-98
主語の人称制限 120
主語―賓述（subject-predicate） 102
主語優位（Subject-Prominent） 89
主語話題句 130
主題 152
主題位置 61
　　非── 61
主題基準（theta criterion） 55

主題―説述（theme-rheme） 102,152
主題役割（thematic role, θ-role） 23,55
主題理論（θ-theory） 26,55,107
出現動詞 164
主部と補部（head-complement） 57
主文 105
主要格助詞（Primary Particles：Pp） 17
主要部 27
照応形式（anaphor） 20,56
照合 109
照合主語（AgrSP） 97
状態述語 105
　　非── 105
焦点（focus：Foc） 49,67,92,100,129,134,148,150,155
焦点句（FocP） 92,95,113,125,135
　　──の指定部（FocP-Spec） 92
焦点素性 90-91
　　──の照合 84,103
焦点の「が」 65
焦点優位（Focus Prominent） 89-90,103
使用頻度 139
情報構造 47,133-134,147-148,152-153,158,162,169
　　──の役割 153
情報順序の制約 149
情報の流れ論 149
省略 122-123,138
　　──の根本原則 47
　　──の本動詞反復のストラテジー 138
初期理論（Early Theory） 4
新情報（New Information：NEW） 47,147,149
真正認識モーダル 120
真正の発話伝達モーダル 119
真正モーダル 115-119

深層構造（deep structure）　4, 15, 23
「数, 性, 人称」素性　125
数量詞　87
スコープ　87
生成意味論（generative semantics）　15
生成語彙論（generative lexicon）　59, 108
接続（詞）　139
接続要素　139
　　──の頻度　142
節内かき混ぜ　67
狭いスコープ　88
ゼロ記号　10
ゼロ代名詞　20
線状格標示（linear case marking）　42
線状格付与（linear case marking）　21
　　──規則　66, 101
選択制限　16, 19, 57, 84
前提　49
洗練度（elegance）　77
相（phase）　81
　　──の不可侵性（phase inpenetrability）　81
総記（exhaustive listing）　18, 21, 91-92, 134, 151-152
創造性　7
束縛（binding）　29, 55
束縛原理（binding principle）　56
束縛理論（binding theory）　20, 55
解釈不可能な素性　81-82
素性の照合　82, 90

【た】

対格素性　108
対事的ムード　126
対照焦点　150-152
対人的ムード　126
代入　137
対比　21
代名詞　20
代用表現　138
「た」形　105
多重主格句　101
多重主格文　63
多重主語　67, 100
多重主語文　99, 108, 112
　　──の基底構造　100
多重所有格文　63
多様性　52
単純変形規則の適用順序　13
談話（discourse）　5, 76, 47, 169
談話構成法　133-134, 169
談話構成原理　163
談話構成の原理1　159, 163
談話構成の原理2　159, 163
談話構成の原理3　160
談話構造　47
　　──の分析　47
談話の前提　148
　　──と焦点　147
談話の冒頭文　160, 163
談話文法　5, 47, 133
談話への繋がり（D-linking）　76
抽象性　8, 10
中立叙述（文）　21, 92
調音-知覚の接点（the articulatory-perceptual (A-P) interface）　83
長距離かき混ぜ　67-68
直接構成素分析（Immediate Constituent Analysis：IC分析）　6
繋ぎの役割を果たす動詞（bridge verbs）　34
定形句（FinP：Finite）　127, 135
定形文（finite sentence）　107
提示焦点　151-152
丁寧表現　145
「という」　145-146
等位構造制約（Coordinate Structure Constraint）　30

等位接続文 11
同一指示標識 75
同一名詞句削除変形規則 21,28
同格句 162
統語構造 7
動作主 24
動詞繰り上げ規則 21
同時性 106
動詞の原形（root form） 106
投射の原理（projection principle）57,93,107
統率（government） 55,78
統率・束縛理論（Theory of Government and Binding：GB 理論） 4,51
統率範疇（governing category） 55
統率理論（government theory） 55
時の解釈 131
特質構造
独立文 107,124

【な】

内心構造 27
難易文 35
に-使役文 108
二次的格助詞（Secondary Particles：Ps） 17
任意変形（optional t-rules） 13
認識モーダル 115-116,119,126-127
人称制限 120-121
人称の一致 122
根変形規則 41

【は】

派生接辞 94
端素性（edge feature） 89
発話行動分析（performative analysis） 128
発話時 131
発話伝達モーダル 121,115-6,119,125-126

場面設定 165
　　　──要素（scene setter） 163,167
パラメータ 28,58
反復
　　語彙項目の── 141
　　述語の── 141
　　同一語の── 141-142
比較言語学 5
比較文 35-36
非構成的（non-configurational） 64,84
　　──な接近法 46
左枝の制約（Left Branch Constraint） 30-31
否定辞 87
評言（comment） 48
標準的EPP 93
標準理論（Standard Theory） 4,14,22
表層構造（surface structure） 4,15
広いスコープ 88
付加詞 100-101
　　──生成 100
付加情報 162
付加変形（attachment transformation） 4
　　「は」──（wa-attachment） 4
複合語形成 108
複合名詞句 15,30
　　──制約（Complex NP Constraint） 30,43,72,74-75
副助詞 20
複数の指定辞 112
不定詞関係節（infinitival relative） 35
不定名詞句 20,122
普遍性 51-52
普遍文法（universal grammar） 15
旧い情報 147
文型分類 144

文主語　30
　──制約（Sentential Subject Constraint）　30, 43-44
　──文　15
分析的情報構造論　149
文頭に同格句を持つ文　167
文頭に話題を持つ文　166
文の埋め込み（embedding）　16
文文法と談話の接点　48
文法格（structural case）　18
　──付与　20
文法規則のレベル　8
文法機能パケット　85
文法主語　94
文法のレベル　9
文法モデル　7, 13
文脈依存型句構造規則（Context Sensitive Phrase Structure Rules：CSPS規則）　12, 17, 19
文脈自由型句構造規則（Context Free Phrase Structure Rules：CFPS規則）　12
分裂文　35, 156, 161, 165
　　強勢焦点をもつ──（S-cleft）　157-158
　　情報─前提の──（I-cleft）　157-158
並立（juxtaposition）　85
変形規則　13, 28-29, 42
　　──の形式　29
　　──の循環適用　31
　　──の適用　29, 31
変形文法の位置づけ　12
変項（variable）　29
補部（complement）　27
補文（complement sentence）　17
　　──構造（complement construction）　38, 45-46
補文標識（complementizer）　39, 81
補文標識句（Complementizer Phrase：CP）　18, 81

　──の指定部（CP-Spec）　90

【ま】

無限個の文　9, 11
名詞句　109
網羅性（exhaustiveness）　77
モーダル　114
モーダル句（Modal Phrase：ModlP）　104, 114
目的格一致句（AgrO）　110
目的格一致素性（AgrO 1, AgrO 2）　111
目的格素性　111
　──照合　111
目的格の一致　109
元位置の主語　86, 95, 97
　　──という一般化（the Subject-in-Situ generalization）　86

【や】

有限個の規則　9
有限状態文法（finite state grammar）　7, 9-10
要素の抜き取り（extraction）　31
与格主語（dative subject）　101-102, 108
弱い交差（weak cross-over）　37

【ら】

量化子（quantifier）　60, 69
　　──のスコープ　64
隣接しない要素間の依存関係　12
「る」形（現在時制）　105
例外的格付与　40
論理形式（Logical Form：LF）　78
論理形式部門　60
論理的主語　94

【わ】

＋話者（＋speaker）　123, 127
話者の視点　47

話題（topic） 18,21,48,123,129,134,142-143
話題化 95
話題句（TopP） 18,113,125,135
　　──の指定部（TopP-Spec） 92
話題省略 122
話題の「は」 151
話題─評言（topic-comment） 102
話題文 35,49,92
話題優位（Topic-Prominent） 89
話法 143
　　間接── 143,145
　　中間── 142,144-145
　　直接── 143-144
　　直接──の引用句 145
　　描出── 144
　　──の決定 144
を-使役文 108

A 移動（項の位置への移動）（変形） 28,29,87
A′移動（非項への移動）（変形） 28,29,87
A 束縛（項による束縛：A binding） 56
A′束縛（非項による束縛：A′binding） 56
A の上の A の条件（A over A Condition） 32
Burzio の一般化 58
CP (Complementizer Phrase：CP) 61,147
CP の内部構造 113,123,126,134
CP 領域 84,113,119,120
　　──の役割 113
EPP 素性 87,93,102
FiniteP 124,147

Force 135
ForceP 147
formal 5
formalize 9
±head initial 28
IC 分析 8,11
Identificational focus 151
Informational focus 151
Item-Analysis 6
langage（言語活動） 6
langue 6
LF（論理形式） 79
Mod 123
Mod（Modality） 123
ModlP 123
Move α 41,54,153
parole 6
Pied Piping 74,76
pro 28
PRO 28,57
Process-Analysis 6
−Speaker 123,127
+Speaker 123,124
Topic 123
TopicP（TopP） 92,123
TP (Tense Phrase) 61,147
vP への投射 104
Wh-Cleft sentence 157
wh-移動 34,42
　　──の拡張 35
wh-語 29
wh-後置詞句 89
wh の島の条件 72,73
wh-要素 91
X′式型（X′ Schema） 27,61,92
X バー理論 27,78
Φ素性 63,125,91

[著者紹介]

井上和子（いのうえ・かずこ）
1919年生まれ。津田英学塾卒業。ミシガン大学大学院博士課程修了（Ph. D. in Linguistics）。国際基督教大学教授，津田塾大学教授，神田外語大学教授を経て，現在，神田外語大学名誉教授・神田外語大学大学院言語科学研究センター顧問。主な編著書に，*A Study of Japanese Syntax*（Hague：Mouton），『変形文法と日本語　上・下』（大修館書店），『日本文法小事典』（大修館書店）などがある。

生成文法と日本語研究
──「文文法」と「談話」の接点

Ⓒ Kazuko Inoue, 2009　　　　　　NDC810／xiv, 186p／22cm

初版第1刷──2009年11月1日

著　者────井上和子
発行者────鈴木一行
発行所────株式会社 大修館書店
　　　　　〒101-8466　東京都千代田区神田錦町3-24
　　　　　電話 03-3295-6231 販売部／03-3294-2357 編集部
　　　　　振替 00190-7-40504
　　　　　[出版情報] http://www.taishukan.co.jp

装丁者────下川雅敏
印刷所────壮光舎印刷
製本所────三水舎

ISBN978-4-469-22208-1 Printed in Japan

Ⓡ本書の全部または一部を無断で複写複製（コピー）することは，著作権法上での例外を除き禁じられています。